Adolf Dyroff

Die Tierpsychologie des Plutarchos von Chaironeia

Adolf Dyroff

Die Tierpsychologie des Plutarchos von Chaironeia

ISBN/EAN: 9783743460195

Hergestellt in Europa, USA, Kanada, Australien, Japan

Cover: Foto ©berggeist007 / pixelio.de

Adolf Dyroff

Die Tierpsychologie des Plutarchos von Chaironeia

Tierpsychologie des Plutarchos von Chaironeia.

NEUEN GYMNASIUMS ZU WÜRZBURG

FÜR DAS

STUDIENJAHR 1896/97

VON

DR. ADOLF DYROFF

K. GYMNASIALLEHRER.

WÜRZBURG.

K. BAYER. HOFBUCHDRUCKEREI VON BONITAS-BAUER.

1897.

Vorwort.

Von jeher spiegelten sich in der Tierpsychologie grossartigere Erscheinungen aus dem Wandel der philosophischen, nicht bloss der naturphilosophischen Anschauungen und in der Mitte unsres Jahrhunderts knüpften sich an tierpsychologische Ansichten nahezu wissenschaftliche Bekenntnisse. Deshalb und weil auch das Laieninteresse gerade hier wacker mitarbeitete, dürfte eine Geschichte der Tierpsychologie einen Beitrag zur Geschichte des Menschengeistes liefern.

Und die Teilnahme für das Seelenleben der Tiere hat sich, nachdem das Ungestüm der Parteikämpfe zu ruhigerer Betrachtung überlenkte, nicht gemindert. Brachte uns doch eben erst die jüngste Zeit von zwei verschiedenen Seiten eingehende Erörterungen über die uns beschäftigende Frage: ich meine die Abhandlungen über „Die Psychologie der Tiere und Pflanzen" von Fritz Schultze („Vergleichende Seelenkunde". I 2. Leipzig 1897) und über „Instinkt und Intelligenz im Thierreich" von Erich Wasmann (Freiburg i. Br. 1897).

So mag denn auch die hier dargebotene (im Herbste 1895 gereifte) Ferienfrucht nicht ganz unwillkommen sein, zumal Fr. Schultze in seinem Überblicke über die Geschichte der Tierpsychologie („Vergleichende Seelenkunde". I 2 S. 3 ff.) den Priester von Chaironeia vollständig übergeht.

Zum Verständnis dessen, was in dieser Studie bezüglich der stoischen Tierpsychologie gesagt ist, sei auf meinen Aufsatz verwiesen, welcher im Jahrgange 1897 der bayrischen „Blätter für das Gymnasialschulwesen" (München) zu finden ist.

Herzlichen Dank sage ich meinem lieben Kollegen Hugo Dessauer für die hervorragende Unterstützung bei der Lesung der Korrekturen!

Würzburg, Mai 1897.

Der Verfasser.

I. Abschnitt: Einleitendes.

Die Äusserungen des Plutarchos zur Tierpsychologie[1]) sind nicht die einzigen des Altertums; seit den Zeiten des Herakleitos hatte das Seelenleben der Tiere bei Philosophen und Laien hohe Beachtung gefunden. Aber der Philosoph von Chaironeia beansprucht hier ein doppeltes Interesse. Nirgend sonst sind uns aus der antiken Litteratur so eingehende und zugleich zusammenhängende Ausführungen zu der Frage erhalten; seine Ansichten würden also an sich schon für die geschichtliche Betrachtung wertvoll sein. Dazu kommt der weitere Umstand, dass wir bei Plutarchos nur den Widerhall der Schulkämpfe vernehmen, wie sich dieselben in der hellenistischen Philosophie abspielten.

Die Quelle, aus welcher unsre Kenntnisse über die Tierpsychologie des Plutarchos hauptsächlich fliessen, ist sein Dialog über den Tierverstand. Vorgeblich soll derselbe den Streit, ob die Land- oder die Wassertiere verständiger sind, zum Austrag bringen, aber am Schlusse[2]) wird unverblümt

---

[1]) Benutzte Litteratur: Plutarchos in der (vollständigen) Pariser Ausgabe, Aristoteles in der von Aubert-Wimmer, Seneka in der von Haase, Plinius in der von Detlefsen und Jan. — E. Zeller, D. Philos. d. Griechen III 2. 3. Aufl. — R. Volkmann, Leben, Schriften und Philosophie d. Plutarch. Berlin 1869. — H. Siebeck, Gesch. d. Psychol. I 1. 2. Gotha 1880 u. 1884. — M. Wellmann über Alexander von Myndos. Hermes 1891. Gelegentlich benutzte Schriften sind an Ort und Stelle zitiert. Für einige Litteraturnachweise bin ich Herrn Prof. Dr. L. Dittmeyer herzlich dankbar. S. ausserdem die im Programm vom Jahre 1896 angeführten Werke.

[2]) 37, 2 f.

zugestanden, dass der Kampf im Grunde gegen diejenigen geführt wurde, welche den Tieren Vernunft und Einsicht absprachen. Die Einkleidung war ohne Zweifel gewählt, um durch den Kontrast die geistigen Vorzüge jeder der beiden Tiergruppen[1]) deutlicher hervortreten zu lassen und Angriffe auf die Seetiere schlagender zu widerlegen. Die Schattenseiten des Tierlebens kommen dabei natürlich zu kurz.[2]) und es kann nicht einmal ernst gemeint sein, wenn der Verteidiger der Landtiere neben der Möglichkeit, dass die Wassertiere ganz vernunftlos seien, die Perspektive andeutet, als ob in denselben etwa nur ein überaus schwaches Fünklein von Vernunft, dem genau Forschenden kaum sichtbar, verborgen sei.[3]) Was der Gegner der Wassertiere geltend macht, dass nämlich dieselben kein näheres Verhältnis zum Menschen haben,[4]) dient nur dazu, schärfer einzuprägen, dass das Tier auch ohne Einwirkung des Menschen Vernunft an den Tag legt.[5]) Der Gedanke, ob sich nicht durch die Disputation eine verschiedene ethische Veranlagung innerhalb der Tierwelt herausstellen liesse,[6]) wird nur angeregt, und so bleibt dieser Streit ein echt akademischer.

---

[1]) Diese Unterscheidung, durch die z. B. Wasser- (33, 4) und Landschildkröten (20, 2; s. auch Plinius) auseinandergerissen werden, ist recht primitiv, war aber damals trotz der Autorität des Aristoteles populär, wie Plinius zeigt. Persönlich hat Pl. eine Vorliebe für Seetiere (quaest. conc. 4, 4. 5, 10, 4, 8. 8, 8 bes. 3, 2); er erscheint dabei als Freund des Pythagoreismus.

[2]) Z. B. 31, 8. — 9, 1 kann nicht viel ausgefallen sein. Da der Anwalt der Wassertiere öfter, so 27, 8 und 33, 1, auf zuvor gebrachte Anklagen Bezug nimmt, muss nach 33, 1 geschlossen werden, dass 9, 1 gewissen Seetieren vorgerückt war, sie verzehren die eigenen Jungen; τὰ δὲ bezieht sich auf das ausgefallene κήτη (s. Plin. N. H. 9, 157), die Konstruktion erinnert an 4, 8 u. 9.

[3]) 10, 1; vgl. 22, 4. 24, 2. 25, 4—5.

[4]) 14, 1.

[5]) S. 23, 4 f.

[6]) 4, 7.

Ein zweiter Dialog, dessen Hauptredner Gryllos dem Vertreter der Volksmeinung[1]) Odysseus darlegt, wie die Tiere bezüglich der Tugend von Natur besser daran sind als die Menschen, verfolgt im ganzen den gleichen Zweck wie der zuerst genannte.[2])

Da jedoch der Gryllos weder vollständig erhalten noch so umfassend, ernsthaft und besonnen wie die Schrift über den Tierverstand ist und mit Rücksicht auf das mythologische Gewand viel auf mythologisches Material reflektiert,[3]) werden wir bei dem Versuche, die Gedanken des Plutarchos vorzuführen, den grösseren Dialog zur Grundlage nehmen. Was sich im Gryllos und in weiteren Schriften[4]) findet, kann leicht eingereiht werden, zumal sich Plutarchos öfter wiederholt.[5])

---

[1]) S. besonders brut. rat. 985e (οἰκτρὰν καὶ ἄτιμον οὕτω δίαιταν).

[2]) Brut. rat. 9, 10.

[3]) Z. B. 4, 7.

[4]) Wenn auch nicht alle Parallelstellen den Ausdruck einer tierpsychologischen Meinung geben, so sind sie doch wenigstens für die Erklärung wichtig.

[5]) Ob die Wiederholungen sich zur Festsetzung einer Chronologie der Schriften verwerten lassen, ist zweifelhaft, da Pl. in jedem Falle sein naturgeschichtliches Handbuch wieder vorgenommen haben könnte (s. Wellmann, Hermes 1891, 539. Vgl. A. Schlemm, De Plut. fontibus etc. Göttinger Diss. 1893, 93 u. Anm.) So erzählt er dasselbe ziemlich gleichlautend von der Ohreule (ὦτος) soll. an. 3, 13, von den Nachteulen (σκῶπες) überhaupt quaest. conv. 7, 5, 2, 5; beide waren bei Alexandros Myndios neben einander genannt. Doch könnte wegen des ganz entsprechenden Zusammenhangs an beiden Stellen (κηλεῖσθαι, ἵπποι σύριγξι; vgl. auch quaest. conv. 7, 5, 2, 5 mit soll. an. 36, 4) die Stelle der Tischgespräche als Reminiscenz an die Schrift über den Tierverstand angesehen werden. Mit den Worten dagegen, die Aristoteles A. 8, 12 und ähnlich Alexandros Athen. 391a vom ὦτος gebraucht, t das Gleiche adul. et amic. 52c vom Affen berichtet. Wegen quaest. :onv. 8, 81 s. J. Bernays, Theophrastos' Schrift über Frömmigkeit, Berlin 1866 S. 149. Auch brut. rat. 9, 2 f. = soll. 20, 2; 8. brut. rat. 9, 8 = soll. 16, 4 brut. rat. 10, 1; 3 = soll. 4, 11 scheint nicht ohne Beziehung zu einander zu sein. Da de soll. an. ausführ-

Um aber zu durchsichtiger Ordnung zu gelangen, werden wir die Führung durch Plutarchos aufgeben. Denn die Zweiteilung der Tiere ist nutzlos und auch von Plutarchos nicht recht genützt. Der grössere Dialog zerfällt zwar sehr deutlich in zwei Teile, in deren erstem (c. 1—7) Aristobulos, mit Soklaros sich unterhaltend, allgemein logisch die stoische Behauptung von der Unvernunft der Tiere widerlegt, während im zweiten (c. 8—37) Aristotimos (c. 9—21) und Phaidimos (c. 22- -36) wetteifernd einzelne erfahrungsmässige Belege für die Vernünftigkeit der verschiedensten Tiergattungen beibringen. Allein auch im ersten wird auf Vorgänge im Tierleben verwiesen, und diese Anordnung ist nur für den Zweck der Polemik brauchbar.

Auch für die Aufzählung der einzelnen Seelenfunktionen kann die Schrift über den Tierverstand nicht den Leitfaden abgeben. Plutarchos richtet sich selbst, wie er wohl fühlt[1]), nicht nach der von ihm gegebenen Disposition[2]) und führt nur den ersten ($\pi\varrho o\vartheta \acute{e}\sigma\epsilon\iota\varsigma$ $\varkappa\alpha\grave{\iota}$ $\pi\alpha\varrho\alpha\sigma\varkappa\epsilon\nu\alpha\acute{\iota}$), den letzten ($\grave{\epsilon}\mu\varphi\acute{\alpha}\sigma\epsilon\iota\varsigma$ $\mathring{\alpha}\varrho\epsilon\tau\tilde{\eta}\varsigma$) und etwa noch den dritten ($\pi\acute{\alpha}\vartheta\eta$) Punkt derselben näher aus, während er die übrigen Punkte nur hie und da streift.[3]) Wir halten uns daher in letzterer Hinsicht an eine anderwärts sich findende Weisung[4]), wonach Plutarchos an der Seele hauptsächlich Wahrnehmung, Vorstellung und Einsicht ($\sigma\acute{\nu}\nu\epsilon\sigma\iota\varsigma$) unterscheidet.

---

licher ist, besonders 19, 3 f., wo Aristoteles genannt wird (gegenüber brut. rat. 9, 9), und der Gryllos mehr andeutet, manches als bekannt voraussetzt, generalisiert, dürfte die Schrift über den Tierverstand früher zu setzen sein.

1) 15, 1.
2) 10, 1.
3) Auch ist innerhalb der beiden Tiergruppen keine genaue Entsprechung der Disposition zu entdecken. Vielfach nimmt Pl., wohl in Anlehnung an die Vorlage (M. Wellmann, Hermes 1891, 537), die Tierart als Grundlage der Aneinanderreihung, so bei Ameise, Biene, Igel, besonders 17, 1—3 bei den schon 12, 1—7 erwähnten Elefanten. Vgl. R. Hirzel, D. Dialog Leipz. 1895 II 179 Anm., mit welchem in manchen Punkten zusammenzutreffen uns zu besonderer Freude gereicht.
4) Es. carn. 2, 3, 1. Js. et Os. 382c kurz $\alpha\check{\iota}\sigma\vartheta\eta\sigma\iota\varsigma$ und $\sigma\acute{\nu}\nu\epsilon\sigma\iota\varsigma$.

Plutarchos legt nämlich im allgemeinen nicht seine eigene allgemeine Psychologie zu grunde, welche einen ernährenden, empfindenden, begehrenden Seelenteil, ferner Mut und Vernunft annimmt,[1]) sondern lehnt sich notgedrungen an die Psychologie der bekämpften Stoiker an.[2]) Wir werden daher gut thun, um nicht durch Anlegung eines fremdartigen Massstabes ein von vornherein verzeichnetes Bild zu erhalten, wenn wir, der stoischen Psychologie folgend, aus der Vorstellung den Trieb hervorgehen lassen, an den Trieb die intellektuellen Funktionen, an diese die ethischen Eigenschaften anreihen und die Vernunft, in deren Nachweis die ganze Darlegung des Plutarchos gipfelt, an den Schluss stellen.

Die so gewonnene objektive Charakteristik der plutarchischen Tierpsychologie wird dann ihre Erklärung finden in der Darlegung des subjektiven Verhältnisses, in welchem der Philosoph zur Tierpsychologie stand.

Aus beiden Momenten erst kann sich dann eine sachliche Würdigung ergeben.

II. Abschnitt: Inhalt der plutarchischen Tierpsychologie.

Dass Plutarchos ohne jegliche Einschränkung eine Seele bei allen Tieren annimmt, bedarf, da dieselbe durch alles Folgende vorausgesetzt wird, keines Beweises.[3]) Als Kriterium derselben gilt ihm nach aristotelischem Vorgange die eigene Bewegung aus sich selbst heraus und in sich

---

[1]) S. Zeller, D. Philos. d. Griech. S. 183. Siebeck 1 2 S. 183.

[2]) Selbst im Gryllos, in welchem mehr platonische Psychologie herrscht, wird dieselbe 15, 1 eigentlich teilweise verlassen.

[3]) S. auch brut. rat. 3, 3. 6, 10. es. carn. 1, 4, 1; 5, 5 ($\ἔμψυχον$). 2, 2, 1. Cat. mai. c. 5 u. ö. Quaest. conv. 2, 3, 2, 4 sagt Firmus, der dann freilich widerlegt wird, in einem Passus voll stoischer Terminologie: $τὸ\ ᾠὸν\ προκοπή\ τις\ ἐστὶ\ τῆς\ φύσεως\ ἐπὶ\ τὸ\ ἔμψυχον\ ἀπὸ\ τοῦ\ σπέρματος\ πυρευομένης$ (vgl. D. L. VII 156 $βαδίζον$).

selbst zurück, die er selbst beim Schwamme findet.¹) Nichts gleicht nach ihm mehr dem Beseelten als das Feuer, welches sich durch sich selbst bewegt und ernährt und, wie die Seele, durch seinen Glanz alles erhellt und verdeutlicht.²) Er muss sich dieselbe über den ganzen Körper verbreitet gedacht haben. Denn er sagt: Wenn auch das Tier dem Körper nach im Kampfe unterliegt, so verzweifelt es doch nicht der Seele nach; bei vielen zieht sich gewissermassen selbst im Sterben die Kraft mit dem Mute ($\vartheta\nu\mu o\epsilon\iota\delta\acute{\epsilon}\varsigma$) sich konzentrierend auf **einen** Körperteil zurück, widersteht dem Mörder, springt auf und geberdet sich unwillig, bis sie gleich einem Feuer völlig erlischt und erstirbt.³) Einwirkung des Geistes auf den Körper erweist er damit, dass Wutausbrüche der Hunde sogar deren Augen blenden.⁴) Entwicklungsfähigkeit der Seele nimmt Plutarchos an, wenn er von der grossen Lenksamkeit und Bildsamkeit ($\epsilon\dot{\upsilon}\alpha\gamma\dot{\omega}\gamma o\iota\varsigma$ $\varkappa\alpha\grave{\iota}$ $\dot{\alpha}\pi\alpha\lambda o\tilde{\iota}\varsigma$) der **jungen** Tiere redet.⁵)

Ausser dem Vegetativen, dem zeitlich Ersten und Schwächsten an der Seele überhaupt,⁶) betrachtet Plutarchos als selbstverständlich die **sinnliche Wahrneh-**

---

¹) 30, 4 $\dot{\iota}\delta\dot{\iota}\alpha$ $\varkappa\dot{\iota}\nu\eta\sigma\iota\varsigma$ $\dot{\epsilon}\xi$ $\dot{\epsilon}\alpha\nu\tau o\tilde{\upsilon}$ $\varkappa\alpha\grave{\iota}$ $\epsilon\dot{\iota}\varsigma$ $\dot{\epsilon}\alpha\upsilon\tau\acute{o}\nu$. Quaest. conv. 6, 2, 2, 2 wird als Hauptunterscheidungsmerkmal des Lebewesens vom Unbeseelten die $\ddot{o}\rho\epsilon\xi\iota\varsigma$ angesehen. Is. et Os. 382b heisst die Tiernatur: $\dot{\eta}$ $\zeta\tilde{\omega}\sigma\alpha$ $\varkappa\alpha\grave{\iota}$ $\beta\lambda\acute{\epsilon}\pi o\nu\sigma\alpha$ $\varkappa\alpha\grave{\iota}$ $\varkappa\iota\nu\acute{\eta}\sigma\epsilon\omega\varsigma$ $\dot{\alpha}\rho\chi\grave{\eta}\nu$ $\dot{\epsilon}\xi$ $\alpha\dot{\upsilon}\tau\tilde{\eta}\varsigma$ $\check{\epsilon}\chi o\upsilon\sigma\alpha$ $\varkappa\alpha\grave{\iota}$ $\gamma\nu\tilde{\omega}\sigma\iota\nu$ $o\dot{\iota}\varkappa\epsilon\acute{\iota}\omega\nu$ $\varkappa\alpha\grave{\iota}$ $\dot{\alpha}\lambda\lambda o\tau\rho\acute{\iota}\omega\nu$ $\varphi\acute{\upsilon}\sigma\iota\varsigma$. Nach De Ei 390 f kommt die Seele in das Wesen durch eine $\varkappa\acute{\iota}\nu\eta\sigma\iota\varsigma$ oder $\delta\iota\acute{\alpha}\vartheta\epsilon\sigma\iota\varsigma$. Vgl. die stoische Bestimmung des Seienden: (Chrys. Stob. ecl. I 154, 1 W.) als $\pi\nu\epsilon\tilde{\upsilon}\mu\alpha$ $\varkappa\iota\nu o\tilde{\upsilon}\nu$ $\dot{\epsilon}\alpha\upsilon\tau\grave{o}$ $\pi\rho\grave{o}\varsigma$ $\dot{\epsilon}\alpha\upsilon\tau\grave{o}$ $\varkappa\alpha\grave{\iota}$ $\dot{\epsilon}\xi$ $\dot{\epsilon}\alpha\upsilon\tau o\tilde{\upsilon}$.

²) Quaest. conv. 7, 4, 3, 3. Die $\pi\nu\epsilon\acute{\upsilon}\mu\alpha\tau o\varsigma$ $\vartheta\epsilon\rho\mu\acute{o}\tau\eta\varsigma$ des Tieres ist es. carn. 1, 5, 2 etwas rein Körperliches; sie dient dazu, das in den Magen aufgenommene Fleisch zur Verdauung zu bringen.

³) Brut. rat. 4, 3.
⁴) Quaest. conv. 5, 7, 3, 2.
⁵) Brut. rat. 4, 5.
⁶) De Ei 390 f.

mung,¹) durch welche vornehmlich sich das Tier von der Pflanze unterscheidet.²) Meistens meint er dabei die Gesichts- und Gehörsempfindung.³) Auf die hohe Bedeutung des Geruchsinns im Tierleben macht er nachdrücklich aufmerksam: Das Vergnügen am Wohlriechenden und an dem, was durch seinen Duft den Geruchsinn in entsprechender Weise (οἰκείως) in Bewegung setzt, gewährt schon an und für sich einen reinen Nutzen, trägt aber auch dazu bei, die Nahrungen auseinanderzukennen. Der Geruch der Tiere ist an Stelle des menschlichen Geschmackes der Gradmesser für das Wesen jeder Nahrung und unterscheidet genauer als königliche Vorkoster. So lässt er das dem Tiere Frommende hinein und stösst das ihm Fremde weg, so dass ohne Beleidigung des Geschmackes die Schlechtigkeit der Nahrung entlarvt wird, ehe sie schaden kann. Auch zur Begattung lockt der Geruch der nach Tau, Wiesen und Kräutern duftenden Weibchen die Männchen an.⁴) Rein physiologischen Sinn hat die Bemerkung, dass der Habicht auf andere Weise blickt als die Baumgrille; dieselbe soll nur besagen, dass der Gesichtssinn bei den verschiedenen Tieren graduell verschieden ausgebildet ist, wie das Fliegen etwa bei Adler und Rebhuhn.⁵)

---

¹) 3, 1—14. 10, 7. 13, 2. 28, 2. 31, 2. es. carn. 1, 5, 5 u. ö. Is. et Os. 382 b. Camill. c. 27. Fab. Max. c. 6. Arat. 8, 1.
²) Fr. inc. (es. carn.) 95, 2, 1 (III 57 Paris). Als Unterscheidungszeichen nennt er auch den körperlichen Schmerz (ἀλγεῖν), die Furcht (φοβεῖσθαι), das seelische Geschädigtwerden (βλάπτεσθαι).
³) 3, 5; 6; 12; 14. 4, 6. 5, 2; 8 es. carn. 2, 3, 1. quaest. conv. 4, 5, 3, 3. ὄψις 13, 6. quaest. conv. 5, 7, 3, 2. Is. et Os. 382b. ἀκοή 36, 4. Geruchsinn 13, 5 f. 24, 3 (viele Tiere, besonders der Affe erfreuen sich am Geruche des Panthers). coniug. praec. 144 d. [quaest. nat. 26, 1. 36]. Hautempfindung 14, 4 (Elefant). 30, 4 (Schwamm. Pl. scheint dabei dem Blute eine Rolle zu geben). Nach coniug. praec. 144e werden Elefanten durch die weisse, Stiere durch die rote Farbe (= Alex. virt. et fort. 330 c), Tiger durch Pauken zur Wut gereiz (= superstit. 167 c).
⁴) Brut. rat. 7, 1—2; 5. am. prol. 495 f.
⁵) 4, 6.

Am Hasen wird die Feinheit der Empfindungsorgane ($αἰσθητήρια$) hervorgehoben, insbesondere die Spannkraft der Augen, die ein Schlafen mit offenen Augen gestatte, und seine Scharfhörigkeit ($ὀξυηκοΐα$).[1] Die bereits von Aristoteles berührte Frage, ob nicht manche Tiere einzelne Sinnesorgane entbehren, hat für Plutarchos offenbar kein Interesse.

Zuweilen gibt Plutarchos gewissen Tieren die Gabe der Vorempfindung ($προαίσθησις$), womit er eine feinere Empfindungsfähigkeit bezeichnet, die zum Beispiel dem Landigel ermöglicht den Umschlag des Windes, schon bevor dieser wirklich eintritt, und auch vor dem Menschen wahrzunehmen.[2] Diese wie überhaupt jede Wahrnehmung mag er sich nicht ohne Einsicht vorstellen.[3] So hat auch der Zitterroche von der erstarrenden Wirkung, welche er nicht nur auf die ihn unmittelbar Berührenden, sondern auch durch das Netz und durch aufgegossenes Wasser hindurch auf die Aufgiessenden ausübt, eine angeborene ($σύμφυτος$) Wahrnehmung.[4] Doch will Plutarchos das Verdienst der Wahrnehmung durch die Vernunft nicht verkürzt wissen. Nicht ein Schluss bewirkt, dass der Hund am Dreiwege die Fährte des Wildes findet, sondern die Wahrnehmung für sich allein verrät dem Hunde mit Hilfe der Fussspuren und der Ausdünstungen des Wildes die Richtung der Flucht.[5] Die Hauptaufgabe der Wahrnehmung ist für Plutarchos wie für die Stoa, das Tier zu lehren, dass es die ihm nützlichen und schädlichen Dinge unterscheiden kann.[6]

---

[1] Quaest. conv. 4, 5, 3, 3.
[2] 16, 10 = 28, 1.
[3] 24, 4 $τῶν δὲ θαλαττίων ὁμοῖ τι πάντων προαίσθησις ὕποπτος οὖσα καὶ πεφυλαγμένη πρὸς τὰς ἐπιθέσεις ὑπὸ συνέσεως$. Durch $προαίσθησις$ merkt das Krokodil die kommende Höhe der Nilüberschwemmung Is. et Os. 381 c = soll. an. 34, 2.
[4] 27, 3. Nach 16, 2 merkte der Esel, dessen Salz sich im Flusse auflöste, die Ursache. 13, 3 erzeugt die Wahrnehmung einen Schluss.
[5] 13, 5.
[6] 3, 9. 26, 10 ($τὴν διαφορὰν τοῦ ἀέρος$). brut. rat. 7, 2. Is. et Os. 382 b.

Die **Vorstellung** macht **Plutarchos** am kürzesten ab. Sie war bereits von den Stoikern nachgewiesen und musste ihm bei seiner Psychologie als etwas Nebensächliches erscheinen.[1]

Ebenso treten bei ihm die animalischen **Triebe** zurück, die im ἐπιθυμητικόν aufgehen. Den Selbsterhaltungstrieb nennt er nicht; er legt denselben aber offenbar zugrunde. Wahrnehmung, Vorstellung und Verstand dienen dem Zwecke der Selbsterhaltung.[2] Der Trieb (ὄρεξις)[3] verlangt eine Ausfüllung des Mangelnden und verfolgt immer das, was vom Zukommenden fehlt. Das, wodurch sich das Lebewesen am meisten vom Unbeseelten unterscheidet, muss ihm zu seiner Erhaltung gegeben sein, indem es ihm als Aufnehmer der dem Körper zukommenden Ergänzungen eingegeben ist. Es sind dies besonders Hunger und Durst.[4] Der Polyp, der sich im Winter selbst anfressen soll, wird träg, gefühllos und gefrässig gescholten;[5] aber **Plutarchos** bestreitet die Richtigkeit der Angabe.[6] Doch legt er den Tieren, welche in der Gefangenschaft sterben, unter, als ob sie aus Unwillen über die Knechtschaft sich freiwillig aushungern,[7] und berichtet von den Hunden des Lysimachos und eines Privatmannes

---

[1] Er setzt sie voraus 3, 2—3. 22, 2. es. carn. 2, 3, 1. inv. et od. 537 b (φαντασίαν λαμβάνειν).

[2] 3, 4; 9. 10, 2. es. carn. 2, 3, 1. Vgl. πορισμοί und οἰκονομία 4, 6. εὑρέσεις τῶν ἀναγκαίων 10, 1. οἱ ἐπὶ τῶν ἀναγκαίων πόνοι brut. rat. 4, 6. Kämpfe um Nahrung auch frat. am. 486 b.

[3] In den unechten quaest. nat. 21, 3 werden ὁρμαί und ὄρεξις vom Begattungstrieb synonym gebraucht.

[4] Quaest. conv. 6, 2, 2, 2 f.

[5] 3, 2.

[6] 27, 8. Das lässt darauf schliessen, dass die Stoiker jene Thatsache zu ungunsten der Tiere angeführt hatten. Auch Diphilos fr. 34 (II 551 Kock) gedenkt derselben, wie überhaupt die Komiker den Volksglauben in dieser Beziehung vielfach wiedergeben.

[7] Brut. rat. 4, 5.

Namens Pyrrhos, dass sie sich nach dem Tode ihrer Herren aus Anhänglichkeit in den Scheiterhaufen stürzten.[1])

Je weniger der Philosoph aber die animalischen Triebe untersucht, um so grössere Mühe verwendet er, dem Hauptzwecke seiner Schrift entsprechend, darauf, bei den Tieren sämtliche vernünftig praktischen Triebe ($ὁρμή$), wie Vorsatz ($πρόθεσις$), Angriff ($ἐπιβολή$) und Vorbereitung ($παρασκευή$) nachzuweisen. Unter Vorsatz versteht er mit der Stoa die Anzeige einer Vollendung, unter Vorbereitung eine Handlung, die einer zweiten vorausgeht.[2])

Gerne erwähnt er damit zusammen das Gedächtnis, welches das Erfassen eines Satzes aus der Vergangenheit ist, dessen Inhalt als ein gegenwärtiger aus der Wahrnehmung erfasst worden war.[3]) Von dem bekannten Esel mit dem Salze heisst es, dass er die Ursache seiner Erleichterung dem Gedächtnis einprägte.[4])

Nicht selten spricht jedoch Plutarchos auch von den höheren Seelenthätigkeiten. So kommen dem Tiere nach ihm zu: die Bildung fester Begriffe[5]) Erwägungen,[6]) Meinungen,[7]) Urteile,[8]) Überlegungen,[9]) Folgern,[10]) Schliessen,[11]) Erfindung von

---

1) 14, 2—3. praec. reip. ger. 28, 2. S. auch soll. an. 36, 11. Selbstmord aus Raserei beim Tiger coniug. praec. 144 e = superstit. 167 c.

2) 3, 10. $Πρόθεσις, παρασκευή$ auch 3, 5. 10, 1; 2. Beispiele 10, 2—14. Mit 10, 10 vgl. 28, 2. Mit 10, 11 vgl. 28, 3—4. Über die $τέχνη$ der Biene, Schwalbe, des Meereisvogels s. auch 35, 2; 6 ff.

3) 3, 10. 3, 5 (zweimal); 9. 5, 9 (zweimal). 10, 1. 23. 4. 32, 7. brut. rat. 9, 7. 10, 5. ($μνήμη, μνημονικόν$).

4) 16, 2 $κατεμνημόνευσεν$.

5) 3, 10 ($ἔννοιαι$).

6) 3, 10. 5, 3; 7 u. s. ($διανοήσεις, διανοεῖσθαι$).

7) 3, 3; 11 ($δόξα$).

8) 3, 5; 11 ($κρίνειν$).

9) 3, 3; 5. 5, 7; 9 u. s. brut. rat. 10, 5. ($λογίζεσθαι, λογισμός$).

10) 13, 2 ($τεκμαίρεσθαι$).

11) 13, 3 ($συλλογισμός$).

Listen¹), überhaupt Geist²) und Einsicht.³) Ebenso nahm er offenbar Aufmerksamkeit, Erwartung, Hoffnung⁴) und Ungeduld an. Folgende Bemerkungen mögen uns verdeutlichen, wie weit er dabei ging: Viele Fische verraten nach ihm eine wirkliche Erkenntnis und rechtzeitigen Gebrauch des Nützlichen.⁵) Beim thrakischen Fuchse, der über festes Eis furchtlos geht, auf dünnem Eise dagegen beim leisesten Geräusche zurückspringt,⁶) verwahrt sich Plutarchos ausdrücklich gegen die Annahme einer vernunftlosen Feinheit der Wahrnehmung und erachtet hier folgenden aus der Wahrnehmung resultierenden Schluss des Tieres für gegeben: Das Rauschende bewegt sich. Was sich bewegt, ist nicht gefroren. Was nicht gefroren, ist feucht. Das Feuchte gibt nach.⁷) Als alle Erwartung, die man vom Ameisenverstande hegen könnte, übersteigend bezeichnet der Philosoph ihr Vorherverstehen (προκατάληψις) der Keimvorgänge beim Weizen; die Weizenkörner werden nämlich weich und milchartig, wenn sie ins Wachsen geraten. Damit sie nun den Ameisen geniessbar bleiben, fressen diese vor dem Keimen die Spitze ab, von welcher aus der Weizen keimt.⁸)

Neben diesen intellektuellen Funktionen entdeckt Plutarchos eine Reihe ethischer Eigenschaften am Tiere.

---

¹) 10, 13. 16, 1. 27, 1; 4 (σοφίσματα).
²) 10, 9. 12, 1 u. s. (νοεῖν, νοῦς).
³) 10, 9. 11, 6. 12, 2. 15, 1. 16, 3. 17, 1. 23, 4. 24, 2—10 (4). 25, 1; 4. 26, 1—5. 27, 9. 32, 7 u. s. brut. rat. 9, 6. 10, 2; 3 (συνιέναι, σύνεσις, τὸ συνετόν, manchmal daneben δεινότης z. B. 27, 9).
⁴) 3, 5 (προσέχειν, προσδοκία, ἐλπίς, ἀγάλλειν).
⁵) 25, 1. Die Beispiele dazu c. 24.
⁶) Ähnliches von nordischen Hunden Hayes bei Charles Darwin, Die Abst. d. Menschen u. s. w. Übers. v. Haek Leipz. (Reklam). I 112; vgl. Strümpell, Die Geisteskräfte der Menschen u. s. w. Leipz. 1878 S. 17. 19 f.
⁷) 13, 3.
⁸) 11, 6.

Die Krone alles Seelenlebens ist auch ihm die Verständigkeit,[1]) von welcher alle andern Tugenden ausgehen. Sie ist es, welche die Tiere von unnützen Künsten fernhält und ihnen das Notwendige von selbst gibt.[2]) Um das Vorhandensein dieser Tugend zu beweisen,[3]) erinnert er an die Gelehrigkeit einzelner Arten.[4]) Wenn auch den Tieren im allgemeinen das Verständnis der Rede fehlt,[5]) so retten doch Stare,[6]) Raben und Papageien hierin die Ehre der Tierwelt. Sie beweisen, dass das Pneuma ihrer Stimme bildsam und nachahmungsfähig ist, in dem Grade, dass man es sogar bis zur Kunst bringen kann.[7]) Sie haben daher gewissermassen Anteil an der vortragenden und artikulierten Rede. Dieselbe den Tieren ganz absprechen, heisst, die stummen Fische, die nicht einmal heulen oder seufzen können, mit Schwänen und Nachtigallen auf eine Stufe stellen.[8]) Manche Tierarten haben eine natürliche Musikliebe.[9])

Die Tiere lassen sich eben vermöge einer gewissen luxuriösen Ausstattung ihres Verstandes zu Verrichtungen erziehen, die über ihr natürliches geistiges Vermögen und gegen die Natur ihres Körpers gehen: Junge Hunde finden

---

1) 5, 7; 9. 10, 7. 11, 1 brut. rat. 10, 5 (φρόνησις, φρονεῖν)

2) Brut. rat. 9, 1. Beweise c. 9.

3) Brut. rat. c. 9; besonders § 8 zeigt, dass diese Erörterung unter den Begriff φρόνησις fällt.

4) 12, 2 (εὐμάθεια 5, 1. 19, 8. μάθησις 23, 7).

5) Am. prol. 495b (λόγου σύνεσις).

6) Vgl. brut. rat. 9, 7.

7) Ich lese einstweilen εὔπλαστον οὕτω καὶ μιμηλὸν ὥστε καὶ ἐξ ἀριθμῶν (?) ῥυθμίζειν. Ἀριθμοί hat wohl Bezug auf den ästhetischen Terminus ἀριθμοί. Die Tierstimme wird es. carn. 1, 4, 1 schön genannt. Die Frösche haben eine φωνὴ καὶ γαμήλιος, die ὀλολυγών heisst, und eine hellere bei drohendem Regen soll. an. 34, 5 (geht auf Arat. Phaen. 948 = Vergil. Georg. 1, 378).

8) 19, 1—2.

9) 3, 12 = quaest. conv. 7, 5, 2, 4 (Hirsch, Pferd, Delphin, Eulen). adul. et amic. 52 c (Affe). soll. an. 35, 2; 10 (Meereisvogel). 36, 4 (Delphin). brut. rat. 9, 1.

Spuren auf, Fohlen gehen rhythmisch, Hunde springen durch Reife, Pferde und Rinder führen in Theatern die grossartigsten Leistungen aus, sind aber zu einer nützlichen Arbeit nicht mehr zu gebrauchen.[1]) Die Erfolge der Dressur (μάθημα) sind zuweilen staunenswert.[2])

Von den Haustieren (σύνοικοι) lassen sich nur Mücke und Schwalbe nicht zähmen.[3]) In der Gelehrigkeit stehen die Landtiere, da sie mit den Menschen mehr zusammenleben, nur durch den Ort, nicht durch ihre Natur voran. Es gibt auch zahme Schlangen, Fische, die auf ihren Namen hören, wie die Muräne des Krassus, Krokodile, welche die Stimme der Priester kennen, sich streicheln, die Zähne reinigen und mit Leinwand reiben lassen.[4])

Vernunftmässiger (λογικώτερον) aber als die Eumathie der Tiere ist ihre Automathie[5]), und noch vernunftmässiger als das Lernen ist, dass sie sogar lehren[6]), wie dies die Alten gegenüber den Jungen thun.[7]) Ja sie sind in den wichtigsten Verrichtungen die Lehrer der Menschen, indem wir die Tiere nachgeahmt haben, so die Spinne im Weben und Nähen,[8]) die Schwalbe im Hausbau, den Schwan und

---

[1]) Brut. rat. 9, 6—7. de fort. 38 f (Tänze, Chöre, Verbeugungen der Elefanten). Virt. mor. 443 b werden derartige Laute als sinnvoll (συνετοί), solche Bewegungen und Stellungen als vernünftig angesehen, während prof. in virt. 83 b der sklavische Gehorsam gut abgerichteter Zugtiere als ein Zeichen der Unvernünftigkeit erscheint.

[2]) 19, 9—10. 12, 2. 19, 2,

[3]) Quaest. conv. 8, 7, 3, 4.

[4]) 23, 6—8.

[5]) 13, 8. 12, 2—7. 19, 2. brut. rat. 9, 5 (7).

[6]) 19, 3.

[7]) 19, 3 f. = brut. rat. 9, 8. soll. an. 4, 10. 33, 3. brut. rat. 9, 8 (διδάσκειν). soll. an. 16, 4 (ἐθίζειν, was brut. rat. 9, 8 unter διδάσκειν subsumiert ist).

[8]) Vgl. 10, 7, wo das Thun der Spinne auch ein Archetypon der Netzfischerei genannt wird.

die Nachtigall im Singen.¹) Sogar die drei Arten der Heilkunde, die Pharmazeutik, die Diätetik und die Chirurgie, sind bei den Tieren vertreten.²)

Noch wunderbarer erscheint Plutarchos, dass einige Tiernaturen Verständnis (νόησις) der Zahl und die Fähigkeit zu zählen haben. So hat von den Kühen in der Gegend von Susa jede täglich 100 Eimer Wasser in den königlichen Park zu tragen. Mehr nimmt sie auf keinen Fall. Man hat schon oft den Versuch gemacht, einen Eimer mehr zu geben, aber die Kuh bleibt stehen und lehnt den Auftrag ab. So genau kann sie addieren und die Summe merken.³) In der Arithmetik haben es aus Geselligkeitsliebe auch die Tunfische ausserordentlich weit gebracht. Sie stellen ihre Scharen immer in Würfelform auf. Daher kann der Tunfischbeobachter, wenn er die Zahl der ihm erscheinenden Seite hat, die ganze Anzahl sofort berechnen.⁴) Auch in der eigentlichen Mathematik und zwar in der Astronomie sind die Tiere bewandert: Die Gazellen sollen auf Tag und Stunde durch ihre Stimme das Aufgehen des Hundssternes, die afrikanischen Ziegen überhaupt das gemeinsame Aufgehen von Hundsstern und Sonne durch Hinblicken anzeigen.⁵) Der Tunfisch be-

---

¹) Vgl. brut. rat. 9, 1. soll. an. 10, 13. Als Erfinder dieses Gedankens bezeichnet Pl. oben (20, 1) den Demokritos (vgl. Ps. Aristot. H. A. 9, 162); derselbe stammt aber schon von Herakleitos und wird auch von Aristoteles, den Stoikern u. a. verwendet (s E. Norden, 19. Suppl.-Bd. zu Fleckeisens Jahrb. 1893. 420. 421 Anm. 1.)

²) 20, 1—8. Zu den Beispielen für Pharmazeutik 2—4 (wegen des Ibis auch Is. et Os. 381d) kommt ein weiteres brut. rat. 9, 2 (Schwein). Für Diätetik (τροφῆς ἀπόσχεσις) werden Wolf, Löwe, Tiger 5—6, für Chirurgie 7—8 Elefant und die kretischen Steinböcke (?) genannt; vgl. 29,1. brut. rat. 9, 2.

³) 21, 1 (Ktesias).

⁴) 29, 6—7. Weitere Fälle 33, 5 (die Schildkröte wartet 40 Tage, bis die Eier reif sind). 35, 6; 8. 10, 6 (Schwalbe; geometrisch angelegte Bauten).

⁵) 21, 2.

stimmt die Zeit der Tag- und Nachtgleichen wie der Winter- und Sommersonnenwende.¹)

Kenntnis der Optik leitet Plutarchos für die Thunfische aus folgender Beobachtung her: Da sie auf dem rechten Auge blödsichtig sind, gehen sie so ins Meer, dass sie das Land zur rechten, und so heraus, dass sie es zur linken haben; sie vertrauen also den Schutz ihres Körpers stets dem besseren Auge an.²)

Endlich spricht Plutarchos auch von der göttlichen Eigenschaft (θειότης) mancher Tiere. Krokodilen und Fischen³) und von den Landtieren⁴) insbesondere den Vögeln kommt die Ehre der Mantik zu. Die Vogelschau (οἰωνιστική) ist ein alter, wichtiger Teil der Mantik. Die geistige Raschheit (ὀξύ) und Intelligenz (νοερόν) der Vögel, ihre Fähigkeit zur Aufnahme von Vorstellungen jeder Art, eine Folge ihrer Gewandtheit, machen sie geeignet, ein Werkzeug der Gottheit zu sein, so dass sie leicht zu Bewegungen, Lauten, Tönen und Stellungen angetrieben werden können.⁵) Plutarchos beruft sich hier wie auch sonst zuweilen,⁶) auf die gangbare Meinung, die in Aussprüchen von Dichtern, Bezeichnungen u. s. w. zu tage liegt. Gerne weist er auf die Beliebtheit gewisser Tiere bei den Göttern hin.⁷) Dass

---

1) 29, 1 (3).
2) 23, 4—5.
3) 23, 10—11. 34. 1. Neben dem Krokodil Pyth. orac. 405e Reiher und Rabe.
4) 22, 4.
5) 22, 1—3. Vgl. sept. sap. conv. 163 f. Dass die Tiere dann auch vernunftmässig und deutlich sprechen, kann nicht verlangt werden (Pyth. or. 405e). Pl. lehnt sich an die Stoa an; vgl. z. B. Cic. divin. 1 c. 53. Senec. quaest. nat. 2, 32, 5 (motus). Die quaest. nat. des Seneka sind nach Diels Doxogr. S. 19. 225 aus Poseidonios und Asklepiodotos (Schüler des Poseidonios, den auch Ailianos in den Tactica exzerpierte), zusammengearbeitet.
6) Z. B. c. 19.
7) 9, 6. 17, 2 (Elefant). 35, 1 f. (Meereisvogel). 35, 10 f. (Meerbarbe). 36, 1; 4 (Delphin). quaest. Rom. 286 c (Geier).

nicht bloss eine Menschenseele, sondern sogar eines Gottes Seele in einem Tiere vorhanden sein könne, scheint er nicht für ganz unmöglich gehalten zu haben.[1]) Der jetzige Schluss des Gryllos deutet an, dass er den Tieren eine Art Kenntnis (νόησις) der Gottheit zuteilte.[2]) Die Tiernatur hat ja nach Herakleitos einen kleinen Ausfluss (ἀπορροή) und ein Teilchen aus dem Wesen davongetragen, welches denkt (φρονοῦντος), wie die Welt regiert wird.[3]) Die Meldung, dass die Elefanten ohne Belehrung zu den Göttern beten, indem sie sich im Meere reinigen und die aufgegangene Sonne durch Erheben des Rüssels statt der Hand anbeten,[4]) lässt er unwidersprochen.[5]) Dagegen äussert sich Plutarchos auch wieder so, als ob die Tiere überhaupt nicht an das Dasein eines Gottes denken (νοεῖν), wie auch nicht an Tod und Jenseits.[6])

Alle diese Erscheinungen sind für Plutarchos Ausflüsse der tierischen Verständigkeit. Gelegentlich erwähnt er einige Arten dieser Tugend, die **Geistesgegenwart**[7]) und die **Geschicklichkeit**.[8])

Den Nachweis der **Mässigung** liefert Plutarchos in einer längeren Ausführung des Gryllos.[9]) Die Tiere begehren geschlechtliche Verbindung mit höheren Arten nicht, sondern beschränken sich in Lust und Liebe auf die Stammesgenossen. Die weiblichen Krähen bleiben nach dem Tode

---

1) Es. carn. 2, 5, 5; s. auch 2, 4.
2) Brut. rat. 10, 5. Schon nach Xenokrates haben die Tiere eine ἔννοια vom Göttlichen (fr. 21 Heinze).
3) Is. et Os. 382 b c.
4) 17, 1.
5) 25, 5 bezieht sich nicht auch hierauf.
6) Non. poss. suav. 8, 8—10.
7) 5, 1. 13, 6 (ἀγχίνοια).
8) 4, 6. 16, 1—10. es. carn. 1, 4, 1. brut. rat. 10, 4 (πανουργία, τὸ πανοῦργον, δριμύτης). Nach brut. rat. 4, 1 hat πανουργία mit der Tapferkeit nichts zu thun.
9) Brut. rat. c. 5—8 (σωφροσύνη).

des Männchens neun Menschenalter ledig.¹) Die Seelen der Tiere sind für künstliche ($\dot{\varepsilon}\pi\varepsilon i\sigma\alpha\kappa\tau oi$) und überflüssige ($\pi\varepsilon\varrho\iota\tau\tau\alpha i$) Begierden²) und Leidenschaften, so für Gold- und Prunkliebe, unzugänglich; ihr Leben geht zum grössten Teil in Befriedigung der notwendigen ($\dot{\alpha}\nu\alpha\gamma\kappa\alpha\tilde{\iota}\alpha\iota$) Begierden und Lüste auf und huldigt bei denjenigen, die nicht notwendig, aber doch natürlich ($\varphi\nu\sigma\iota\kappa\alpha i$) sind, weder einem ordnungslosen ($\dot{\alpha}\tau\dot{\alpha}\kappa\tau\omega\varsigma$)³) noch einem unersättlichen ($\dot{\alpha}\pi\lambda\dot{\eta}\sigma\tau\omega\varsigma$) Genuss.⁴) Von den natürlichen Begierden ist die Lust am Wohlriechenden wie auch die geschlechtliche Lust einfach, letztere hält die von der Natur vorgeschriebene Zeit genau ein und artet höchstens in wunderbaren Fällen in Verkehr der Geschlechter unter sich, niemals in Liebe zum Menschen aus.⁵) In den notwendigen Begierden nach Speise und Trank verbindet das Tier das Angenehme mit dem Nützlichen⁶), so dass der Genuss keine Krankheit erzeugt, und wechselt seine Nahrung nicht.⁷)

Auch bei der Mässigung nennt Plutarchos zwei Abarten, die Enthaltsamkeit⁸) und die Anständigkeit.⁹)

Der tierischen Tapferkeit¹⁰) rühmt er nach, dass die Tierkämpfe ohne List und Trug, rein auf Grundlage des Mutes und der Kraft geführt werden. Noch im Falle sind

---

1) Brut. rat. 5, 5.
2) Der Passus ist epikureisch, s. E. Norden a. a. O. S. 419.
3) Eine Abart der stoischen $\sigma\omega\varphi\varrho o\sigma\dot{v}\nu\eta$ ist die $\varepsilon\dot{v}\tau\alpha\xi i\alpha$.
4) c. 6.
5) c. 7. am. prol. 493 f. 495 a—c.
6) Die horazische (A. P. 343) Forderung des utile ($\chi\varrho\varepsilon i\alpha$) cum dulci ($\dot{\eta}\delta\dot{v}$) ist demnach kein Produkt des römischen Nationalcharakters, sondern hat ihr Vorbild in einer epikureischen Lehre.
7) c. 8.
8) 10, 1. 11, 1. 13, 6. am. prol. 494a ($\dot{\varepsilon}\gamma\kappa\varrho\dot{\alpha}\tau\varepsilon\iota\alpha$).
9) 18, 3 am. prol. 494a ($\kappa o\sigma\mu i\omega\varsigma$; vgl. $\kappa o\sigma\mu\iota\dot{o}\tau\eta\varsigma$, zur $\sigma\omega\varphi\varrho o\sigma\dot{v}\nu\eta$ gehörig). Hier sei erwähnt, dass er als Muster der Reinlichkeit die Luchse und Schwalben nennt (4, 10). Es. carn. 1, 4, 1 wird am Tiere überhaupt $\tau\dot{o}$ $\kappa\alpha\vartheta\dot{\alpha}\varrho\iota o\nu$ $\dot{\varepsilon}\nu$ $\delta\iota\alpha\dot{\iota}\tau\eta$ gelobt.
10) 4, 6. 10, 1. 11, 1. 24, 9 ($\dot{\alpha}\nu\delta\varrho\varepsilon i\alpha$).

die Tiere Helden. Zwischen männlichen und weiblichen Tieren ist selbst in der Kraft kein Unterschied, wie die weiblichen Löwen, Panther und Schwalben beweisen.[1]

Von Abarten der Tapferkeit deutet Plutarchos die **Standhaftigkeit**[2], die **Beherztheit**[3] und die **Anstrengungsfreudigkeit**[4] an.

In der **Gerechtigkeit**[5] schätzt derselbe vorzugsweise die Tugend, welche einen bindenden Verkehr zwischen mehreren Wesen hervorruft. Er preist die Anhänglichkeit von Hunden, Elefanten und Pferden an ihre Herrn.[6] Mit Vorliebe aber geht er den Spuren der **Geselligkeit** (κοινωνία) nach. Den Begriff derselben nimmt er möglichst weit. Es werden Handlungen gegenseitiger Hilfe hieher bezogen,[7] die sei es innerhalb derselben Tierart gelegentlich[8] oder zwischen verschiedenen Tierarten zum Zwecke der Lebenserhaltung oder Fortpflanzung regelmässig vorkommen.[9] Es werden die geordneten Zusammenscharungen gewisser Fischarten genannt[10], weiter **Freundschaften** bestimmter Tiere,[11]

---

[1] Brut. rat. 4, 1—18. Die Kyniker und die Stoiker, auch Platon, hatten zwar Mann und Weib in der Tugend gleichgestellt, aber doch bezüglich der Kraft einen Unterschied gelassen, wie auch hier Pl. (4, 11).

[2] Am. prol. 494a (καρτερία).

[3] Brut. rat. 4, 2; 5 (θαρρεῖν; vgl. die stoische θαρραλεότης).

[4] 11, 1. am. prol. 494 d (φιλόπονος, φιλοπονία).

[5] 11, 1.

[6] 14, 1—5. 36, 17 (δικαιώσας). Pyrrh. c. 33. Nicht unfreundlich steht er der Ansicht (des Herodoros; s. Ps. Aristot. 9, 74) gegenüber, dass der Geier der gerechteste Vogel sei: Er frisst nichts Lebendes und tötet nichts Beseeltes. Er meidet die Leichen seiner Stammverwandten, der Vögel. Er schadet dem Menschen am wenigsten, da er keine Pflanzen frist und kein zahmes Tier verletzt (Quaest. Rom. 286 b, Romul. 9, 10—12.)

[7] 23, 4.

[8] 11, 4. 17, 1; 4. 25, 2—3.

[9] 30, 6. 30, 1—6. 31, 1—8.

[10] 29, 6.

[11] 11, 1 (Ameisen). 25, 1. 29, 6 (φιλάλληλον). 31, 7 (Fuchs und Schlange, Pferd und Trappe). Vgl. O. Flügel, Seelenleben der Tiere. Langensalza 1886 S. 45.

Liebesverhältnisse zu Menschen, die sich über das Niveau der wilden und rasenden Liebesleidenschaft vieler Tiere durch ihre fast menschliche Zartheit und Schönheit erheben,[1]) auch die **Menschenfreundlichkeit** mancher Tiere im allgemeinen.[2]) Vor allem aber weiss Plutarchos die familiären Tugenden zu schildern, die **Elternliebe** der Störche,[3]) die **Gattenliebe** der weiblichen Tauben und Meereisvögel, welch letztere sich nicht aus Unmässigkeit (ἀκόλαστον), sondern aus Wohlwollen (εὔνοια) und Freundlichkeit (φιλοφροσύνη) das ganze Jahr hindurch dem Gatten hingeben und ihn auch im Alter bis zum Tode rührend pflegen,[4]) die **Sorge für das Haus**[5]) und die **Jungenliebe**.[6]) Die um die Kindererzeugung sich drehenden Verrichtungen betrachtet er mit den Stoikern als die ältesten und bedeutendsten unter den geselligen Handlungen und Pflichten.[7]) Hier gedenkt er bei den Tieren zunächst der Sorge für eine möglichst gefahrfreie und zuträgliche Brutstätte,[8]) dann der fast menschlichen Sorgfalt für die noch nicht zur Welt gekommenen Jungen, für die Eier und Laiche, um die sich auch die Männchen bekümmern, und für die Jungen, solange diese unbehilflich sind.[9]) Die Bärin, welche formlose Jungen wirft, bildet mit ihrer Zunge die Glieder aus.[10]) Bei der Aufzucht

---

[1]) 18, 1—5. 23, 9. 36, 10 f. (ἔρωτες; vgl. 34, 3. D. L. VII 129 f. 113).

[2]) 7. 6. 24, 1. 35. 11 (Meerbarbe). 36, 4 ff. sept. sap. conv. 162 c—163 a. 163 c (Delphin). 163 d (Sage vom Polypen). Sertor. 11, 3. (φιλάνθρωπος vgl. φιλανθρωπία). praec. ger. reip. 28, 2 (εὔνοια der Pferde gegen die Reiter.)

[3]) 4, 8. (Wie die Stelle zu fassen ist, erklärt Ael. 3, 23).

[4]) 35 2—5 (φίλανδρος).

[5]) 4. 6. 11, 1. brut. rat. 4, 9 (Schwalbe).

[6]) 10, 1.

[7]) 32, 1. 35, 2 (φιλότεκνος). am. prol. 494 a (φιλόστοργον. φιλοστοργία).

[8]) 32, 2—7. 33, 2. 35, 6—8 = am. prol. 494 b—c.

[9]) 4, 9. 33, 3 = am. prol. 494 c d. soll. an. 33, 1—5 (33, 1, geht auf 9, 1). 34, 1—5.

[10]) Am. prol. 494 c.

verleugnet das Tier seinen Charakter, das wilde wird furchtsam, das leichtfertige arbeitsam, das üppige sparsam.[1] Um von der selbstverleugnenden Fütterung[2]) abzusehen, so werden sie, wenn den Jungen Gefahr droht, zornig[3]), greifen zu Listen[4]) und kämpfen, wenn sie auch bei eigener Lebensgefahr fliehen.[5]) Das Zurücktreten der Gerechtigkeit gegenüber den andern Kardinaltugenden und die Vertretung jener Tugend durch die Geselligkeit[6]) in der Schrift über den Tierverstand und das vollständige Ausfallen derselben Tugend im Gryllos, der sich doch vorzugsweise um den Nachweis der Tugenden bemüht,[7]) könnte auffallen. Allein die Schrift über die Kinderliebe löst dies Rätsel. Wie die Natur, heisst es da, bei wilden Pflanzen rohe und unvollendete ($ἀτελεῖς$) Anfänge ($ἀρχαί$) zu zahmen Früchten hervorbringt, so hat sie den unvernünftigen Tieren zwar die Liebe zu den Jungen gegeben, aber in unvollendeter Qualität, so dass sie nicht zur Gerechtigkeit hinreicht und sich nicht weiter als bis zum nächsten Nutzen erstreckt; erst den Menschen führt sie zu Recht, Gesetz, Götterverehrung, Städtebau und Friedlichkeit.[8])

Weiter spielt Plutarchos noch auf die Tugenden der Vorsorge,[9]) Sparsamkeit[10]), Hochherzigkeit,[11])

---

1) Am. prol. 494 d.
2) Am. prol. 494 e. prof. in virt. 80 a.
3) Am. prol. 494 e.
4) 16, 4 = am. prol. 494 e. Vgl. Altum der Vogel und sein Leben. Münster 1869. S. 207.
5) Am. prol. 494 f. brut. rat. 4, 6.
6) Soll. an. 17, 4. 25. 1; 5. 29, 6. 11. 1 ($κοινωνικόν$ neben $δικαιοσύνη$).
7) Die Erörterung darüber kann nicht der Verstümmelung zum Opfer gefallen sein, da Kap. 10 abschliessenden Charakter hat und zur Frage über die Göttlichkeit übergeleitet wird.
8) Am. prol. 495 c. Vgl. soll. an. 4, 2. Über die Tendenz des Dialogs Volkmann, II S. 165.
9) 16, 9. 27, 7. 33, 1. am. prol. 494 a ($πρόνοια$. $προνοεῖν$. Stoisch.)
10) Am. prol. 494 d ($φείδωλος$; vgl. die stoische $εὐτέλεια$ und $λιτότης$).
11) 10, 1.

Billigkeit¹) an, rühmt den Gehorsam²), die Dankbarkeit³), überhaupt die Pflichthandlungen.⁴) der Tiere und scheut sich nicht, selbst vom Inbegriff aller Tugenden, der Weisheit⁵) zu sprechen. Es ist nicht leicht, sagt er, bei den wohlveranlagten Tieren eine Handlung zu finden, welche nur eine einzige Tugend bekundete. In ihrer Jungenliebe drückt sich zugleich die Ehrliebe, in ihrer Tapferkeit zugleich weise gemässigte Aufregung aus; ihre Geschicklichkeit und ihre Einsicht lässt sich von ihrem mutigen (θυμοειδές) und männlichtapferen Wesen nicht trennen. Will man doch unterscheiden, so müsste man bei den Hunden, die sich bekanntlich von den am Boden Sitzenden abwenden, etwa sagen: Sie zeigen Sanftheit und Hoheit des Denkens zugleich.⁶) Geschicklichkeit ist bei den Rebhühnern mit Jungenliebe,⁷) Geselligkeit bei den Elefanten mit Einsicht verbunden.⁸) Im Leben der Ameisen sieht er einen wunderbar kleinen Spiegel grosser und schöner Eigenschaften der Natur und findet in ihren Handlungen Beweise für eine ganze Reihe der höchsten Tugenden und von Enthaltsamkeit, Verständigkeit und Gerechtigkeit die Keime (σπέρματα) wieder.⁹)

Die Schattenseiten des Tierlebens treten gegenüber diesem hellen Bilde wenig in die Erscheinung.¹⁰) Er spricht von der Feigheit, Masslosigkeit, Ungerechtigkeit,

---

¹) 11, 4 (εὐγνωμοσύνη).
²) 13, 6 (πειθαρχία).
³) Quaest. conv. 8, 7, 3, 3. soll. an. 10, 1.
⁴) 13, 6. 32, 1.
⁵) 34, 3. 35, 1. am. prol. 494a (σοφός, σοφία).
⁶) 15, 1—4. Mit ὑψηλόν (= ὑψηλότης) vgl. die stoische μεγαλοπρέπεια und ἐλευθεριότης.
⁷) 16, 4; 9. 17, 1.
⁸) 17, 1.
⁹) 11, 1. Σπέρματα beim Menschen am. prol. 495 c. Nach an seni ger. resp. 1, 9 bleibt den Ameisen und Bienen das Gesellige und Politische bis zum Lebensende.
¹⁰) 4, 3; 8—9. 9, 1.

Bösartigkeit und Einfältigkeit vieler Tiere,[1]) von waghalsigen, leichtfertigen und üppigen Tiercharakteren.[2]) bemerkt, dass manche Tiere die Tugend der Geselligkeit durch Zurückweichen vor Toten oder Verwundeten verletzen,[3]) vergisst auch nicht das pietätlose Verhalten der Flusspferde, die ihre Väter töten, um sich mit den Müttern verbinden zu können, das rücksichtslose Gebahren der Tauber, welche die Eier vernichten, da sie das Weibchen während des Brütens nicht zulässt,[4]) und betont die Feindschaften und Antipathien der Tiere[5]) sowie gelegentlich die Undankbarkeit und den Menschenhass der Schwalbe.[6]) Aber derartiges[7]) ist in der Schrift über den Tierverstand nur leichtes Geplänkel. Im Gryllos und in der Schrift über die Kinderliebe meint er, die Menschen selbst betrachten unnatürliche Handlungen der Unenthaltsamkeit[8]) oder Tötung von Jungen durch Schwein

---

1) 4, 3; 6. brut. rat. 10, 4 (βλάκειαι).

2) Am. prol. 494 d (δειλός, τολμηρός, ῥᾴθυμος, γαστρίμαργος) soll. an. 27, 6 (Chamäleon φύσει ψοφοδεής ὤν καί δειλός). de aud 48 b οἱ δειλοί καί γλίσχροι σκύλακες, de and. 44 d heisst ein unbesonnener Beifallschreier ὀρνειώδης. Prof. in virt. 78 f erscheinen die Vögel als ehrliebend (φιλοτιμία) und äusserlich. Nach quaest. Rom. 280 f werden Kinder, Pferde und Esel durch Übersättigung ausgelassen. Praec. ger. reip. 28,3 spricht er von der Feindseligkeit der Bienen gegen ihre Pfleger, von übermütigen Pferden, abtrünnigen Hunden. Recht niedrig wird quaest. conv. 4, 5, 3, 3 das Schwein taxiert; vgl. die halbe Zustimmung zu dem stoischen Diktum über die Schweine quaest. conv. 5, 10, 3, 6. Der Esel wird verächtlich genannt adv. Colot. 26, 4; vgl. Is. et Os. 363 c. sept. sap. conv. 150 f. Aract. 8, 1 (φύσει νωθής von einem Hund). Demetr. c. Ant. comp. 4, 2.

3) 25, 4.

4) 4, 8 f. Is. et Os. 364 a.

5) 31, 7. 32, 7. inv. et od. 537 c.

6) Quaest. conv. 8, 7, 3, 3. — 8, 7, 3, 4 (μισάνθρωπος). soll. an. 36, 5.

7) Über die Unreinlichkeit von Esel und Schaf 4, 10, über die Unappetitlichkeit der πορδίαι soll. an. 9, 2.

8) Brut. rat. 7, 9.

oder Hündin¹) als Wunder und beweisen so, dass das Gegenteil das Gewöhnliche sei. Gerade in den fehlerhaften Sitten und Leidenschaften zeige die Natur die Liebe zu den Kindern.²)

Von den Leidenschaften³) handelt Plutarchos etwas angelegentlicher als von den Lastern. Hunde und Pferde, führt er aus, werden nicht zwecklos gezüchtigt,⁴) sondern um sie zur Mässigung zu bringen, indem man ihnen durch Körperschmerz den seelischen Schmerz⁵) einflösst, der Reue ($\mu\epsilon\tau\acute{a}\nu\sigma\iota\alpha$) heisst. Lust wird durch Ohrenschmaus⁶) bei den Elefanten und Pferden vermittels der Pfeifen und Flöten, bei den Meerkrebsen vermittels der Lotosflöten, bei der Thrissa⁷) vermittels Gesang und Klatschen und durch Augenweide⁸) bei der Ohreule erregt, die, wenn man vor ihr Lusttänze aufführt, sich bemüht die Schultern schön hin und her zu bewegen.⁹)

Ausser Lust,¹⁰) Begierde,¹¹) Furcht¹²) und Schmerz¹³) spielen noch die Liebe¹⁴), die Wut,¹⁵) welche eine den Tieren

---

1) Am. prol. 497 e.
2) Ebd.
3) 10, 1. 13, 6. 27, 7. am. prol. 495 a b.
4) Ganz dasselbe Räsonnement verwendet er auch virt. mor. 452 c gegen die Stoiker; daher wird gewiss auch hier wie dort die eigene Praxis der Gegner ($α\dot{v}τo\acute{v}ς\ γε\ μ\grave{η}ν\ τo\acute{v}τoυς$) gegen sie ins Treffen geführt.
5) Mit $\dot{α}λγηδών$ — $λ\acute{v}πη$ 3, 11 vgl. 3, 5 $λυπ\tilde{ει}σθαι\ καί\ \dot{α}λγειν$.
6) $κ\acute{η}λησις$ (stoisch. Siebeck I 2 S. 504).
7) S. Plin. N. H. 32, 151.
8) $γοητεία$ (stoisch. Siebeck I 2 S. 504).
9) 3, 11—13. Quaest. conv. 7, 5, 2, 4
10) Brut. rat. 5—8 ($\dot{η}δον\acute{η}$). adv. Colot. 11, 3.
11) Brut. rat. 5—8. soll. an. 3, 5 ($\dot{ε}πιθυμία, \dot{ε}πιθυμε\tilde{ι}ν$).
12) 3, 5. Non poss. suav. 8, 10 ($δεδοικέναι$). soll. an. 3, 11. am. prol. 494 f. quaest. conv. 8, 7, 3, 4 ($φόβος$). soll. an. 27, 6, 8 ($δέος$).
13) Vgl. 10, 1 $μνησικακίαι\ πρὸς\ τὸ\ λυπ\tilde{η}σαι$.
14) 18, 1—5. brut. rat. c 5—8 u. s. f. ($ἔρως$).
15) 3, 11. 13, 9. 34, 3. brut. rat. 4, 8; 5; 9. Quaest. conv. 5, 7. 3, 2 ($θυμός$).

angeborene Eigenschaft ist,[1]) der Zorn,[2]) der die Bisse der Hunde noch bedenklicher macht,[3]) der Neid und die Eifersucht,[4]) der Hass[5]) sowie die Freude[6]) eine Rolle.

Mit der Annahme aller der aufgezählten seelischen Eigenschaften und Thätigkeiten glaubt Plutarchos das Vorhandensein der Vernunft im Tiere erwiesen zu haben. Seine logischen Beweise für die Vernünftigkeit der Tiere, die er im Anfange der Schrift über den Tierverstand zusammengestellt hat, bieten soviel Interesse, dass wir dieselben hier mit einigen Abkürzungen wiedergeben.

Sie enthalten teils positive teils negative Gründe.

Von der Berufung auf die Autorität eines Epicharmos[7]) und Straton[8]) sehen wir natürlich ab.

Mehr Gewicht hat die Behauptung, dass ohne Vernunft und Verstand die auch von den Stoikern vorausgesetzte Wahrnehmung nicht möglich sei. Er führt hiefür die empirische Beobachtung ins Feld, wonach uns oft Buchstaben, die wir mit dem Auge überfliegen, und Reden, die an unser Ohr schlagen, durchaus unbewusst bleiben, wenn unser Geist bei anderen Dingen weilt; der Geist müsse zurückkehren und auf das Übersehene, nochmals lesend, genauer eingehen. Der König Kleomenes wurde gefragt, ob eine beim Gelage lebhaft beklatschte Deklamation seinen Beifall finde; er erwi-

---

[1]) Brut. rat. 4, 5 quaest. conv. 2, 8, 1, 5.
[2]) 18, 4. frat. am. 482c (ὀργή).
[3]) Quaest. conv. 5, 7, 3, 5.
[4]) 3, 11. Aber inv. et od. 537b wird der Neid unter den Tieren geleugnet, da sie von Wohlthun und Schädigung, von Ruhm und Schande keine Vorstellung aufnehmen.
[5]) Inv. et od. 537b (μισεῖν, ἀπεχθάνεσθαι).
[6]) 26, 4. 31, 7. 33, 5 u. s. (χαρή, χαίρειν).
[7]) Über dessen bekannten Vers 3, 7 s. auch E. Norden, 19. Suppl.-Bd. zu Fleckeisens Jahrb. 1893 S. 433.
[8]) Von demselben 3, 6 rührt, wenn ich recht sehe, die folgende Beobachtung her. — Eine von der Stoa angegriffene Schule wird 3, 3 genannt.

derte, das zu beurteilen überlasse er den Fragern, sein Geist sei jetzt im Peloponnes. Daraus folgert Plutarchos: Die Affektion ($πάϑος$) der Augen und Ohren allein macht die Wahrnehmung noch nicht; wir sind von Natur darauf eingerichtet vermittels des Geistes wahrzunehmen.[1])

Gesetzt aber, fährt er weiter, die Wahrnehmung brauche, um **ihre** Aufgabe zu leisten, den Verstand nicht, so ist doch dann, wenn sie dem Tiere den Unterschied des ihm Frommenden und des ihm Fremden beigebracht hat, ein Weiteres notwendig, was sich erinnert, was das Schmerzliche fürchtet, das Nützliche ersehnt, und wenn letzteres nicht zur Stelle ist, Mittel ersinnt, dasselbe herbeizuschaffen, etwas, was Ausgangspunkte und Zufluchtorte, Fangmittel für die künftige Beute und ein Entweichen im Hinblick auf etwaige Angreifer vorbereitet. Auf diese und ähnliche seelische Vorgänge, welche alle sämtlichen Tieren zukommen, passen die stoischen Definitionen von Vorsatz, Angriff, Vorbereitung, Gedächtnis, welche die Stoiker selbst zu den vernünftigen Seelenfunktionen rechnen. Dasselbe gilt von den „Gedanken", welche bei jenen, wenn sie fest in der Seele liegen, Begriffe, wenn sie aber in Bewegung befindlich sind, Erwägungen genannt werden. Ferner sind nach ihnen alle Leidenschaften ohne Ausnahme schlechte Urteile und Meinungen; bei den Tieren aber ereignen sich viele Handlungen und Bewegungen der Leidenschaft. Es ist auffallend, wie die Stoiker das übersehen können. Wenn sie sagen, die Tiere hätten nur leidenschaftä**hnliche** Zustände, so widerspricht das der Augenscheinlichkeit ebensosehr, wie wenn man sagen wollte: die Tiere sehen, hören, schreien und leben nur gleichsam.[2])

Mit ihrer eigenen Methode schlägt Plutarchos die Stoiker in der folgenden teleologischen Betrachtung: Ist es richtig, dass die Natur alles unmittelbar oder mittelbar in

---

[1]) 3, 6—8.
[2]) 3, 9—14.

der Richtung auf einen Zweck thut, so kann sie das Tier nicht rein deshalb wahrnehmungsfähig gemacht haben, damit es eine Affektion erleide und so bloss wahrnehme. Die zur Selbsterhaltung unbedingt notwendige Erkenntnis dessen, was es aufsuchen und meiden muss,[1]) gewährt zwar die Wahrnehmung jedem Lebewesen in gleicher Weise;[2]) aber das der Wahrnehmung jedesmal folgende Erfassen und Verfolgen des Nützlichen, Zurückstossen und Fliehen des Schädlichen ist unmöglich bei Wesen, denen die Natur Überlegung, Urteil, Erinnerung, Aufmerksamkeit versagt hat.[3]) Ohne Erwartung, Gedächtnis, Vorsatz, Vorbereitung, Hoffen, Fürchten, Begehren, Betrübtsein haben auch Augen und Ohren keinen Nutzen. Und wenn der Wahrnehmung und der Vorstellung das fehlt, was sich ihrer bedient, ist es besser beider überhaupt ledig zu sein, als Mühen, Schmerz und Qual ertragen zu müssen; denn man hat dann auch nichts, womit das Unangenehme abgewehrt werden kann.[4])

Die Instanz des Sprachgebrauchs wird angerufen, wenn ausgeführt wird: Man sagt, das Schaf sei ungelehriger als der Hund, aber nicht, dieser Baum ungelehriger als jener; der Hirsch sei feiger als der Löwe, aber nicht das eine Gemüse sei feiger als das andere. Grade von Langsamkeit kann man bei unbeweglichen, Grade von Leisheit bei stimmlosen Dingen nicht aussagen; also auch nicht Grade der Feigheit, Trägheit, Unmässigkeit bei Wesen, denen allgemein die Fähigkeit ($\delta \acute{v} v \alpha \mu \iota \varsigma$), verständig zu sein, von Natur fehlt. Diese Fähigkeit ist es, welche, auf verschiedene Weise und in verschiedenem Masse vorhanden, die wahrnehmbaren Verschie-

---

[1]) Vgl. quaest. conv. 6, 2, 2, 1 f.
[2]) Vgl. brut. rat. 7, 2.
[3]) Vgl. es. carn. 2, 3, 1 αἰσθήσεως ..., φαντασίας, συνέσεως, ἣν ἐπὶ κτήσει τοῦ οἰκείου καὶ φυγῇ τοῦ ἀλλοτρίου παρὰ τῆς φύσεως ἕκαστον (sc. ἔμψυχον) εἴληχε.
[4]) 3, 3—5.

denheiten hervorgebracht hat.¹) Der Mensch wird von vielen Tieren durch Grösse, Schnelligkeit, Gesichtschärfe, Genauigkeit des Gehörs übertroffen.²) Wie dieser deshalb noch nicht als blind, taub, kraftlos gilt, so darf auch beim Tiere nicht gesagt werden, es überlege nicht, es sei nicht verständig, es besitze keine Vernunft, da es träger denkt und schlechter überlegt. Man muss von einer schwachen und trüben Vernunft sprechen wie von einem blöden und schielenden Auge.³)

Ähnlich ist folgende Erwägung: Jede Fähigkeit, jeder Teil eines Wesens hat eine nur dem betreffenden Teile zukommende Schlechtigkeit. Verstümmelung ($\pi\acute{\eta}\varrho\omega\sigma\iota\varsigma$) und Krankheit ($\nu\acute{o}\sigma o\varsigma$).⁴) Blindheit ist bei dem nicht möglich, was nicht zum Sehen, Lahmheit nicht bei dem, was nicht zum Gehen geschaffen ist; Sprachloses wird nie stammelnd, Stimmloses nie lallend genannt. So kann auch nur das als verrückt gelten, was die Gabe zu denken und zu überlegen hat. Nun gibt es, um von Pferden, Rindern und Füchsen abzusehen, sicher wütende Hunde.⁵) Diese Wut ist aber augenscheinlich keine Veränderung des Gesichts- oder Gehörsinns, sondern eine Affektion, die durch Verwirrung der Vernunft und Überlegung entsteht. Das Verhalten wütender Hunde ist ganz dasselbe wie das wahnsinniger Menschen. Sie kennen die ihnen zuvor liebsten Gesichter nicht und fliehen die von jung auf gewohnte Lebensweise. Wie der

---

¹) Vgl. brut. rat 10, 2—3.
²) Es war ein Gemeinplatz, dass Elefanten, Stiere, Löwen den Menschen an Kraft übertreffen, z. B. Ps. Plut. puer. educ. 5e. Senec. benef. 2, 29, 1.
³) 4. 11—5, 3.
⁴) Für $\varphi\alpha\nu\lambda\acute{o}\tau\eta\varsigma$ wird gleich darauf $\varkappa\acute{\alpha}\varkappa\omega\sigma\iota\varsigma$ (Verschlechterung) gesagt und der aristotelisch-stoische Begriff $\sigma\tau\acute{\varepsilon}\varrho\eta\sigma\iota\varsigma$ sowie der allgemeine $\pi\acute{\alpha}\vartheta o\varsigma$ eingeführt.
⁵) Nach quaest. conv. 2, 7, 1, 4 gibt es wahnsinnige Elefanten, welche durch den Anblick eines Widders geheilt werden. Nach coniug. praec. 144d werden Katzen durch den Geruch von Salben, nach coniug. praec. 144e = superstit. 167c Tiger durch Paukenschall wütend.

Sprachgebrauch bei den Menschen von Nichtbeisichsein und von Herausfallen aus den Vernunftansichten spricht, so kann auch bei den wütenden Hunden Denken, Vernunftansichten, Erinnerungen nur der leugnen, welcher den Augenschein nicht sieht oder aus Rechthaberei[1]) gegen die Wahrheit streitet.[2])

Dies sind die positiven Argumente Plutarchos. Die einzelnen stoischen Einwände gegen die Vernünftigkeit der Tiere fertigt er ebenfalls in eingehender Weise ab:

Wenn die Stoa aus der Analogie sonstiger Gegensätze (sterblich — unsterblich u. s. w.) folgert, es müsse auch ein Gegensatz zu den vernünftigen Wesen bestehen und das könnten nur unvernünftige Wesen sein, als welche lediglich die Tiere übrig blieben, so ist zu bemerken, dass der gesuchte Gegensatz bereits im Gegensatze zwischen beseelten (ἔμψυχα) und unbeseelten (ἄψυχα) enthalten ist. Verlangte man aber jenen Gegensatz innerhalb der beseelten Wesen, so müsste man konsequent bei letzteren neben vorstellungsbegabten auch vorstellungslose, neben empfindenden auch empfindungslose annehmen.[3])

Mit dem Einwurfe, die Natur habe den Tieren mit dem Endziel (τέλος) der Vernunft, der Tugend, auch den Anfang (ἀρχή) der Tugend, die Vernunft verweigert, kämpfen die Stoiker gegen sich selbst an. Denn sie bezeichnen einerseits die Jungenliebe der Tiere als Anfang der Gerechtigkeit für die Menschen, sprechen aber andrerseits ersteren die Teilnahme an der Gerechtigkeit ab. Ferner haben die Maulesel wohl beiderlei Geschlechtsorgane, gleichwohl gelangen sie nicht zum Endziel der Zeugung. Übrigens stellen die Stoiker Leute wie Sokrates und Platon hinsichtlich der Schlechtigkeit

---

[1]) Dieser Vorwurf gegen die Stoiker liegt auch in 7, 3.
[2]) 5, 6—9.
[3]) 3, 1—2 (φανταστικόν — ἀφαντασίωτον, αἰσθητικόν — ἀναίσθητον).

dem nächstbesten Sklaven gleich; um so komischer berührt es, wenn sie bei den Tieren von einem vollständigen Mangel der Vernunft sprechen. Und dabei geben sie das Vorkommen einer vernünftigen Lasterhaftigkeit zu; mit solcher aber sehen wir jedes Tier erfüllt.

Fasst man den stoischen Satz so: Was von Natur unfähig ist, den richtigen Zustand der Vernunft zu erreichen, das ist auch unfähig, die Vernunft selbst zu erlangen, so ist dies dasselbe, wie wenn man behauptet: Der Affe ist von Natur der Hässlichkeit, die Schildkröte der Langsamkeit unfähig, da jener der Schönheit, diese der Schnelligkeit unfähig ist. Ebenso wird hiebei folgender Unterschied nicht beachtet: Die Vernunft gelangt von Natur in das Geschöpf, die gute (σπουδαῖος) und vollendete (τέλειος) Vernunft jedoch durch Übung und Belehrung. Einen Menschen, der in den Besitz der Weisheit gekommen wäre, können die Stoiker selbst nicht aufzeigen.

Man muss eben innerhalb der vernünftigen Wesen Unterschiede anerkennen. Nicht bloss im Sehen und Fliegen, sondern auch in der Schärfe und Gewandtheit, das Trefflichste aufzufinden, herrscht Verschiedenheit. Es steht aus dem Tierleben eine Fülle von Belegen für die Tugenden und für ihr Gegenteil zu gebote. Bald hält man die Land-, bald die Wassertiere in der Tugend für natürlich bevorzugt. In Eltern- und Jungenliebe wie in der Reinlichkeit stehen gewisse Tiere weit von einander ab.[1]) Die Einfältigkeit und Trägheit der einen stellt sich gerade erst durch die Geschicklichkeit und Schlauheit der andern heraus.[2])

---

[1]) 4, 1—10.
[2]) Brut. rat. 10, 5. Der abschliessende Gedanke: Der Abstand der Tiere von einander ist nicht so gross als der zwischen Menschen, was Verstand, Überlegung, Gedächtnis anlangt, ist eine Übertreibung des dort sprechenden Tieres. De es. carn. fr. inc. 95, 2, 2 (III 57, 33 Paris.) behauptet Pl., viele Menschen leben nur auf die sinnliche Wahrnehmung hin, haben weder Geist (νοῦς) noch Vernunft; Verwandtenmörder, Tyrannen, Schergen übertreffen an Roheit, Wut, Habgier die

Wenn die Gegner behaupten, die Annahme der Vernünftigkeit des Tieres vertrage sich nicht mit der Idee der Gerechtigkeit, da wir durch die Natur zum Genusse des Tierfleisches und zur Benutzung der Tiere gezwungen seien und demnach unter jener Voraussetzung gegen stammverwandte Wesen ungerecht handeln müssten, kehren sie den richtigen Beweisgang um. Nicht von der Gerechtigkeit darf man ausgehen, um auf die Vernunft oder Unvernunft der Tiere zu schliessen, sondern man muss nach dem Grundsatze, der Zweifelhaftes durch Unzweifelhaftes stützen lehrt, das Wesen der Tiere zur Basis nehmen, um zur Gerechtigkeit zu gelangen.[1]) Um die von den Stoikern eingeführte Aporie zu lösen, hat man nicht nötig, das Augenscheinliche auf den Kopf zu stellen.[2]) Man kann mit Empedokles und Herakleitos daran erinnern, dass die Natur durch viele ungerechte Leiden zu ihrem Ziele schreitet, oder besser mit Pythagoras distinguieren: Es ist nicht ungerecht, unzähmbare und wilde Tiere[3]) zu züchtigen und zu töten, die sanften und menschenfreundlichen aber zu zähmen und bei solchen Arbeiten heranzuziehen, die der Natur des einzelnen Tieres entsprechen.[4])

Wir reihen dieser Widerlegung die Polemik an, die Plutarchos gegen die stoische Annahme richtet, dass

---

furchtbarsten Tiere. (Hier ist wohl nicht $\tau\iota$, sondern $\delta\iota\varkappa\alpha\iota o\nu$ zu ergänzen.). Inim. util. 86e heisst es aber: Nicht jedes Tier lässt sich vom Jäger zähmen.

[1]) Die Stelle ist verderbt (7, 2); zu lesen ist etwa: $\delta\epsilon\iota\varkappa\nu\acute{\nu}\nu\tau\iota$ (so auch Bernardakis) $\delta\grave{\epsilon}\ \tau\grave{o}\ \mathring{a}\delta\eta\lambda o\nu\ [\mathring{\eta}]\ \pi\varrho o\sigma\acute{\eta}\varkappa\epsilon\iota\ \lambda\alpha\mu\beta\acute{\alpha}\nu\epsilon\iota\nu\ \tau\iota$ $\tau\tilde{\omega}\nu\ \pi\varrho o\delta\acute{\eta}\lambda\omega\nu\ \varkappa\alpha\grave{\iota}\ \tau\grave{o}\ \pi\epsilon\varrho\grave{\iota}\ \tau\tilde{\omega}\nu\ \zeta\acute{\omega}\omega\nu\ \mathring{\upsilon}\pi o\tau\acute{\iota}\vartheta\epsilon\sigma\vartheta\alpha\iota\ \{\tau\tilde{\omega}\}\ \pi\varrho\grave{o}\varsigma$ $\delta\iota\varkappa\alpha\iota o\sigma\acute{\upsilon}\nu\eta\nu$.

[2]) Die folgende Lösung der Aporia soll durch Platon angeregt sein. In Wahrheit geht sie auf Theophrastos zurück. (Zeller III, S. 184 Anm. 4).

[3]) Er meint Schlangen, giftige Käfer und Spinnen, auch Löwen: cup. div. 525 f. Wegen des Krokodils s. fr. inc. 95, 3, 6 (III 58, 24 Paris.).

[4]) Vgl. 7, 2—8. tranquill. an. 472d. Cat. mai. c. 5.

die Tiere um der Menschen willen geschaffen seien; denn beide Fragen gehen nahe zusammen. Er führt aus: Wohl hat bereits Karneades gesagt, alles Naturgewordene sei nützlich, wenn es seinen naturgesetzten Zweck erreiche. Allein der stoische Begriff Nutzen (ὠφέλεια) ist allgemeiner im Sinne der stoischen guten Brauchbarkeit (εὐχρηστία) zu nehmen. Wozu aber sind dann Tiere da wie Mücken, Flöhe, Fledermäuse, Giftkäfer, Skorpione, die teils unsre Sinne beleidigen, teils direkt gefährlich sind? Walfische, Haifische und tausend andere Meerungeheuer haben keinen Nutzen für uns. Wird erwidert, nicht alle Tiere seien für und wegen uns geschaffen, so ist diese Distinktion unklar und der Vorwurf der Ungerechtigkeit bleibt, solange wir in schadender Weise Wesen gebrauchen, die nicht wegen uns, sondern wie wir einfach naturgemäss geschaffen sind.[1]

Durch alle diese Erwägungen und Beobachtungen glaubt sich Plutarchos berechtigt zu erklären: die Tiere haben eine Fähigkeit, welche den Namen Vernunft oder einen noch höheren verdient; sie ist eine Stärke (ῥώμη) und Vollendung (τελειότης) der natürlichen Tugend.[2] An der Vernunft haben alle beseelten Wesen teil.[3]

Trotz alledem stünde es Plutarchos frei, dem Menschen eine höhere Qualität der Vernunft zu reservieren. Er gesteht ja zu, die Vernunft der Tiere könne trüb und schwach sein, das Tier denke (φρονεῖν) träger und überlege (διανοεῖσθαι) schlechter.[4] Aber doch ist nach derselben Schrift die Vernunft und Überlegung des Tieres nicht schlecht[5] und nach einer andern dessen Einsicht (σύνεσις) überaus gross.[6]

---

[1] Es. carn. fr. inc. 95, 3—5 (III 58, 2 ff. Paris).
[2] Brut. rat. 9, 5
[3] 4, 5. brut. rat. 10, 1.
[4] 5, 3.
[5] 5, 8. Das Wort διάνοια auch 13, 6. brut. rat. 9, 6.
[6] Es. carn. 1, 4, 1.

Der Gryllos gar kann seine Abkunft von einer epikureischen[1]) Vorlage nicht verleugnen, wenn er im Bestreben, den Vorzug des Tierlebens vor dem mühseligen Menschenleben zu erweisen,[2]) folgenden Vergleich zieht: Wie das Kyklopenland, welches die Früchte von selbst hervorbringt, besser ist als das steinige Ithaka, so ist diejenige Seele besser, welche ohne Mühe die Tugend zeitigt. Demnach ist auch die Seele der Tiere von Natur geeigneter ($εὐφυεστέρα$) zur Erzeugung der Tugend und deshalb vollkommener ($τελειοτέρα$). Denn ohne Auftrag und Belehrung lässt sie die einem jeden zukommende Tugend natürlich wachsen und reifen.[3]) Das Tier hat an jeder Tugend mehr Anteil als der weiseste Mensch.[4]) Die „scherzhafte Einkleidung" entschuldigt solch waghalsige Äusserungen nicht ganz; denn dass der Gryllos im Grunde ernst gemeint ist, bestätigen die Berührungen mit der Schrift über den Tierverstand. Wir haben daher lediglich das Recht, eine Übertreibung zu konstatieren, und müssen im übrigen schliessen, dass Plutarchos keinen weiten Abstand zwischen Tier- und Menschenseele liess.

Nicht zu allen Zeiten vertrat Plutarchos den Standpunkt, welchen wir bisher kennen gelernt haben. Er verfällt gelegentlich dem gewöhnlichen oder dem stoischen Sprachgebrauch, der die Tiere unvernünftig schilt.[5]) Unmittelbar aber verstossen gegen die Hauptsätze der drei andern Schriften zwei Gedankenfolgen der Schrift über die Kinderliebe.

---

[1]) S. comm. not. 11, 8. Usener Epicurea LXXI. Philo de anim. 47 ff. Porphyr. abstin. S. 200 ed. II Nauck (Archiv f. d. Gesch. d. Philos. 5, 255).

[2]) Brut. rat. 1. 2. 3. (Vgl. beiläufig de and. 41 f. prof. in virt. 79 e). Der Gedanke wird non poss. suav. 8. 4—10 gegen Epikuros selbst gewendet.

[3]) Brut. rat. 3, 3. 9, 5. Das ist für die Tapferkeit bewiesen c. 4. Non poss. suav. 8, 6 wird den Tieren die $ἀταραξία$ zugesprochen.

[4]) Brut. rat. 4, 1.

[5]) Quaest. conv. 7, 5, 2, 4. Cat. mai. c. 5. praec. ger. reip. 5, 15. adv. Colot. 8, 4. S. auch prof. in virt. 83 b. Stoic. rep. 1043 d de vit. aer. al. 7, 2. Vgl. Siebeck I 2 S. 497, 55.

Bei den Tieren, heisst es dort, bewahrt die Natur die Eigentümlichkeiten des Einzelnen unvermischt und einfach. Bei den Menschen aber wird sie infolge der Vernunft und Gewohnheit mannigfaltig.[1]) Es ist nicht wunderbar, wenn die vernunftlosen Lebewesen besser als die vernünftigen der Natur folgen. Denn den Tieren stehen hierin die Pflanzen voran, welchen sie weder Vorstellung noch Trieb nach anderem oder ein vom Naturgemässen ablenkendes Streben (ὄρεξις)[2]) gegeben hat, sondern die sie wie in Fesseln hält. Die Tiere haben zwar das Milde der Vernunft, die Scharfsinnigkeit und die Freiheitsliebe nicht in besonderem Masse; sie haben unvernünftige Triebe und Strebungen und können umherschweifen und umherlaufen, trotzdem gehen sie nicht weit über die ihnen gesetzte Grenze hinaus, sondern schwanken sozusagen vor Anker hin und her. Dagegen findet die im Menschen alleinherrschende Vernunft immer neue Abweichungen und lässt so keine augenscheinliche Spur der Natur zurück.[3])

Dieselbe Stufenreihe, welche zwischen dem vernunftlosen Tiere und dem vernünftigen Menschen einen weiten Abstand lässt, wird an einer weiteren Stelle des gleichen Aufsatzes aufgeführt[4]) und auch in anderen Schriften angenommen.[5])

---

[1]) Statt ἰδία (durch ἴδιον veranlasst) ist etwa ἀλλοία zu lesen. Zum Gedanken vgl. ser. num. vindict. 562 c.
[2]) Der Text ist hier nicht ganz in Ordnung; vgl. auch Bernardakis.
[3]) Am. prol. 493 c e.
[4]) Am. prol. 495 c d τοῖς μὲν ἀλόγοις — ἄνθρωπον δὲ λογικὸν καὶ πολιτικὸν ζῷον.
[5]) De Ei ap. Delph. 390 e f: 1) Unbeseeltes (ἀτελές). 2) Fünf Arten des Beseelten (τέλειον): Götter, Dämonen, Heroen, Menschen, unvernünftige Tiere. (Was dort von den Teilen der Seele gesagt wird, gilt als Ganzes nur von der Idee (αὐτή) der Seele). Is. et Os. 382 b heisst das Tier im Gegensatz zu unbeseelten, wahrnehmungslosen Metallen lebend, beseelt, wahrnehmungsfähig. S. auch virt. mor. 443 b. Frat. am. 478 e: (Der Mensch ist das weiseste Geschöpf, weil φύσει λογικὸν καὶ τεχνικόν). de fort. 98 c.

In der Schrift gegen Kolotes ist zu lesen: Das Tier kennt nichts Besseres als die Lust, weiss nichts von der Gerechtigkeit der Götter und ehrt die Schönheit der Tugend nicht. Wenn in ihnen von Natur aus etwas Mutiges, Schlaues, Thatkräftiges wohnt, so gebrauchen sie es zur Fleischeslust und Stillung eines Triebes. All ihre Stimme — Rede und Schrift fehlt ihnen — dient dem Vergnügen des Bauches und des Fleisches, nur dass manche Tiere musikliebend und geschwätzig sind.[1])

Angesichts der letzten Stellen kann selbstverständlich die angebliche Unechtheit der Schrift über die Kinderliebe nicht als Mittel ergriffen werden, den Widerspruch zu beseitigen; auch das unverkennbar plutarchische Kolorit erhebt Einsprache.[2]) Es bleiben nur zwei Möglichkeiten, die auffallende Thatsache begreiflich zu machen: Entweder ist **Plutarchos** hier, wie auch in andern biographischen und moralischen Schriften, von seinen Quellen mehr als nötig abhängig. Oder er hat sich erst in späteren Jahren den in der Schrift über den Tierverstand vertretenen Standpunkt angeeignet, während er früher und besonders in der Polemik gegen Epikuros[3]) sich der gewöhnlichen Meinung anschloss. Am besten wird es sein, da der erste Teil der Alternative viel Wahrscheinlichkeit für sich hat,[4]) aber doch allein nicht

---

[1]) Adv. Colot. 30, 5—6. Noch stärker 30, 3—4. Verächtlich braucht Pl. den Namen „Tier" in der Schrift gegen die Lust fr. 2. 4.

[2]) Die Ausflucht, dass durch die zerstückelte Überlieferung der wahre Charakter der ursprünglich vielleicht dialogischen Schrift entstellt sei, hilft hier nichts; denn die zuerst erwähnte Stelle schliesst sich an den echt plutarchisch gefärbten Eingang enge an.

[3]) Am. prol. 495a ff. Volkmann II S. 165.

[4]) Die Quelle für de am. prol. scheint stoisch: Stoisch ist der Grundgedanke, das Prinzip der menschlichen Kinderliebe beim Tier zu suchen. Stoisch die Lehre, dass die Natur durch $δόγματα καὶ κρίσεις ἐπίθετοι$ verändert werde. Ebenso der Ausdruck $κατασκευαί$ 495 d (z. B. D. L. VII 108) und die Distinktion von $νοήματα$ und $πάθη$ 497 d. Mit 494d $τολμηρός$ u. s. w. vgl. Senec. ep. 104, 23. An stoischen Stil erinnern die von Döhner (s. Volkmann a. a. O.) beanstandeten

ausreicht, wenn man Plutarchos nicht grosser Leichtfertigkeit bezichtigen will, beide Annahmen zu vereinigen.[1]) Es leuchtet wohl von selbst ein, dass Plutarchos leichter die Ansicht, die er in der Schrift über Kinderliebe vertrat, in diejenige der Schrift über den Tierverstand korrigieren konnte als umgekehrt.

Weniger auffallend ist ein weiterer Unterschied zwischen den genannten Schriften. In dem Buche über den Tierverstand wird einzelnen Tieren ein viel grösseres Mass selbständigen Vernunftgebrauches gegenüber der Einwirkung der Natureinrichtung zugeteilt als in der Schrift über Kinderliebe, die mit dem Wörtchen ἄγαν wenigstens einen Funken von Vernunft beim Tiere zuzugeben scheint. Feste Einrichtungen der Natur nimmt wohl auch die erstere Schrift[2]) wie der Gryllos öfter an; so findet sich die Äusserung: Den Kreislauf der gegenseitigen Verfolgung und Flucht hat die Natur den Tieren zur Übung und Beschäftigung ihrer Geschicklichkeit und ihres Verstandes gegeben.[3]) Die Schrift über die

---

tautologischen Wendungen (ἄκρατον καὶ ἀμιγές 493 c). Der Satz, der Mensch sei ein λογικὸν καὶ πολιτικὸν ζῷον 495c, und der Gedanke πανταχοῦ μὲν γὰρ ἡ φύσις ἀκριβὴς καὶ φιλότεχνος καὶ ἀνελλιπὴς καὶ ἀπερίτμητος 495 d ist ebenso gut stoisch als aristotelisch. Beachte auch τηρεῖν, οἰκεῖον, ἐναργές, ἀπολείπειν.

1) Mit den Wiederholungen (soll. an. 35, 6—9. 33, 3 = am. prol. 494 b c. 494 c. Vgl. soll. 16, 4 mit am. prol. 494 e. — brut. rat. 7, 5 = am. prol. 493 f. brut. rat. 7, 9 = am. prol. 497 e) ist nichts für die Zeitfolge anzufangen (s. S. 7 Anm. 5). — In περὶ τύχης kehrt er das epikureische Argument vom Vorzug der unvernünftigen Tiere in echt stoischer Weise um: Eben dadurch zeigt sich der Wert der menschlichen Vernunft um so glänzender. Er zitiert dabei ganz ruhig den Epicharmvers und den Vers aus einem aischyleischen Prometheus wie in de soll. an. Im Genusse des Schweinfleisches und im Gebrauch der Tiere findet er nichts Anstössiges (de fort. 98 b — 99 a).

2) Z. B. 11, 1. 3, 4.

3) Soll. an. 27, 9 (γύμνασμα καὶ μελέτην). Der Gedanke ist die Nachbildung zu einem stoischen Gedanken, über den E. Norden a. a. O. S. 420 Anm. und Chrys. bei Plut. es. carn. fr. inc. 95, 3, 46.

Kinderliebe drückt sich dagegen stoisch aus: Die Leidenschaften der Furcht und des Kampfmutes hat die Natur den Hennen, Hunden und Bären eingepflanzt, indem sie für den Nachwuchs Vorsorge trug (προνοοῦσαν).[1]) Der Natur ist alle Gewalt bei Menschen wie bei Tieren.[2]) Damit stimmt dann überein: Rinder, Pferde und Vögel bringen ihre Jungen schon so zur Welt, dass sie zu ihren Verrichtungen tauglich sind.[3])

III. Abschnitt: Des Plutarchos persönliches Verhältnis zur Tierpsychologie.

Unter den 110 und mehr konkreten Fällen aus dem Tierleben, welche Plutarchos zur Stützung seiner Tierpsychologie aufführt, den Weizen aus der Spreu zu sondern, ist Sache der Naturforscher.[4]) Doch wäre es verkehrt, gerade Plutarchos in dieser Hinsicht zu kritisieren, der einfach die Resultate der zeitgenössischen, auf Aristoteles basierenden, durch Peripatetiker und Stoiker wesentlich verschlechterten Tierforschung herübernimmt.

[1]) Am. prol. 494 f. Vgl. 495 d.
[2]) Am. prol. 497 c.
[3]) Am. prol. 496 e. Dieselbe Thatsache ist im Gryllos anders verwendet. Vgl. die Worte des Brennos im Camill. c. 17 (τοῖς θηρίοις) ἐκ φύσεως ἔνεστι τὸ ζητεῖν πλέον ἔχειν τὰ κρείττονα τῶν ὑποδεεστέρων. c. 27 ἔστι μὲν οὖν καὶ φύσει πρὸς αἴσθησιν ὀξὺ καὶ ὑπονοητὴς τὸ ζῷον (χήν); vgl. S. 26 Anm. 2. In der stoisch gefärbten Schrift de coh. ira 472 l wird der Umstand, dass die Tiere teils Fleisch, teils Samen, teils Wurzeln aufsuchen, als Veranstaltung der Natur angesehen.
[4]) Sie scheinen meist nur auf Aristoteles, Plinius, Älianus und Oppianus zu achten. Bedenklich ist bei Pl. sehr vieles, z. B. 16. 5—9. 30, 1—6. c. 18. Über 12, 3 = Plin. N. H. 8, 6 s. Wundt, Vorles. über Menschen und Tierseele 2 S. 380. Der alte Oken, Naturgesch. VII 1553 rechnet u. a. Plin. N. H. 8, 103 (= soll. an. 13, 2) unter die Märchen und Spässe. Gut wird es jedoch sein, vor der unbedingten Verwerfung zu untersuchen, ob nicht irgend ein Missverständnis einer Thatsache vorliegt.

Soll Plutarchos als Tierpsycholog gewürdigt werden, so ist zu fragen, ob er diejenigen geistigen Eigenschaften besitzt, mit welchen ein Philosoph an die Probleme der Tierpsychologie herantreten muss.

Als solche Eigenschaften haben wohl hauptsächlich zwei zu gelten, Interesse und Vorsicht, und letztere Eigenschaft wäre von vorneherein bei dem Freunde der Akademie zu erwarten.

Ein warmes und von den edelsten Motiven getragenes Interesse ist Plutarchos nicht abzusprechen. Aber dieses Interesse ist nur ein allgemeines und durchaus nicht unbefangenes. Er selbst gibt darüber Aufschluss. Wenn die Philosophen, meint er, ihre Kämpfe unter sich nicht auszufechten vermögen, so wenden sie sich wie die griechischen Staaten, die an fremde Schiedsrichter appellieren, an die Tierwelt, in welcher sich die Natur reiner und unverfälschter zu erkennen gibt als im Menschen, um aus den Leidenschaften und Sitten der Tiere Massstäbe für das menschliche Leben zu gewinnen.[1])

Für die Alten hatte, ausgenommen die Mediziner und Peripatetiker sowie die laienhafte Jagd- und Fischereilitteratur[2]), die Tierpsychologie ihren Wert durch die Beziehung zur Ethik.[3])

Vor allem war seit Pythagoras und wohl noch mehr seit dem Studium der ägyptischen Religion[4]) die Stellung der Philosophen zu der Frage über die Erlaubtheit des Fleischgenusses für ihre Richtung in der Tierpsychologie entscheidend.[5]) Einen mystischen Standpunkt freilich hatte Xenokrates eingenommen, wenn er argumentierte: Die Tiere sind unvernünftig, deshalb dürfen wir sie, damit unsere Vernunft

---

1) Am. prol. 493 a f.
2) Vgl. soll. an. c. 1. 2. 8. Plin. N. H. 32, 13.
3) Vgl. Siebeck I 2 S. 307.
4) Vgl. soll. an. 23, 3 u. ö.
5) Vgl. F. Dümmler in den Verhandlungen der 42. Philologenvers. (Wien). Leipzig 1894 S. 65.

durch den Genuss nicht leide, nicht essen.¹) Der natürlichere Weg ist der, welchen auch Plutarchos einschlägt: Die Tiere haben Vernunft, also dürfen wir sie nicht töten.²) Er verbietet sogar als naturwidrig das Essen des Beseelten überhaupt.³) Dass für Plutarchos seine Antipathie gegen Fleischnahrung das Frühere war,⁴) ist aus seiner bekannten Haltung in dieser Frage zu entnehmen, für welche die Schrift über dieses Thema lebhaftes Zeugnis ablegt.⁵) In der Schrift über den Tierverstand hält er es für notwendig zu erklären, dass er das anatomierende Eindringen in Ameisenbauten, dem er doch seine Kenntnisse von denselben verdankt, nicht billige.⁶) Er meint, es wäre besser für die Tiere, wenn sie den Menschen freundlich begegneten; man wäre dann nicht gezwungen, harte Massregeln gegen sie zu ergreifen.⁷) Von diesem empfindsamen Standpunkte⁸) aus ist es ganz natürlich, dass er dem Dogma der Stoa, wir hätten kein Rechtsverhältnis zu den Tieren wegen der Ungleichheit ($\dot{\alpha}\nu o\mu o\iota \acute{o}\tau\eta s$),⁹)

---

¹) Zeller II 1 S. 878 Anm. 6. R. Heinze, Xenocrates S. 149. 152 fr. 21. 100. S. auch es. carn. 1, 7, 2. quaest. conv. 4, 4, 2, 11.

²) Es. carn. 1, 4, 1. 2, 3, 1. Vgl. Cat. mai. c. 5. quaest. Rom. 93. 286 b. Volkmann I S. 79.

³) Es. carn. 1, 5, 5.

⁴) Zeller III₂ ³ S. 184 Anm. 4 nimmt das Umgekehrte an.

⁵) S. auch quaest. conv. 8, 8, brut. rat. 8, 6. soll. an. 35, 11. Die Schrift de es. carn. ist früher als de soll an., da mit soll. an. 7, 3 $o\dot{\iota}\mu\grave{o}s$ $\upsilon\iota\acute{o}s$ vermutlich auf den Redner von es. carn. c. 2, 3, 3 — c. 4, 3 hingewiesen wird; die soll. an. 7, 5 angedeutete Geschichte des Fleischgenusses war offenbar an der verstümmelten Stelle der Schrift de es. carn. breiter gegeben.

⁶) 11, 7.

⁷) Praec. ger. reip. 28, 3.

⁸) Pericl. c. 1 weiss er jedoch wohl, dass es unrecht ist, die Liebe zu Kindern an junge Hunde und Affen zu verschwenden.

⁹) D. L. VII 129 (Chrysippos und Poseidonios). Stoic. rep. 1049 a vertritt Chrysippos den Gedanken, wir dürfen Hähne essen, damit keine Überproduktion an Jungen stattfinde.

mit besonderem Eifer die Behauptung von der noch grösseren Ungleichheit unter den Menschen entgegenstellt.[1]

Da aber der Zustand jeder Wissenschaft und jedes Zweiges an derselben von dem Grade der aufgewendeten Aufmerksamkeit und somit von der Ungeteiltheit des Interesses abhängt, ist es verständlich, wenn er bei seinem Verfahren im einzelnen nicht die notwendige Vorsicht gebraucht. Diese war vor allem geboten bei der Aufnahme fremder Mitteilungen, bei der Qualifizierung der Beobachtungen und bei der Interpretation der einmal angenommenen Thatsachen.

In ersterer Beziehung sind zwar Anläufe zu einem kritischen[2]) Tone genommen. Aber seine Polemik ist ziemlich matt. So ist es noch nicht als direkte Verurteilung anzusehen, wenn er die Geschichte des Koiranos und der Delphine als mythenartig[3]) und die Erzählung von Deukalion und der Taube als Mythologenbericht[4]) bezeichnet. Noch weniger sieht man da, wo er meint, die Afrikaner verlachen die mythologische Angabe der Ägypter über astrologische Kenntnisse der Gazelle,[5]) aus der Art seiner Darstellung, was er selbst darüber urteilt. Die Bemerkung, er hätte die uns als Schulfabel[6]) bekannte Erzählung über den Raben und

---

[1]) 4, 6. brut. rat. 10, 5. Wegen des Zusammenhangs sind besonders soll. an. c. 6 und c. 7, sowie es. carn. 2, 6 zu beachten.

[2]) Schon Aristoteles hatte dem Ktesias misstraut und der Schwanengesang war bei Plinius (10, 63) und Alexander Myndios (Wellmann S. 504) Zweifeln ausgesetzt, während Pl. keinen Zweifel äussert (soll. an. 19, 2. 20, 1. de Ei ap. Delph. 387 c. an seni ger. resp. 18, 3).

[3]) 36, 12 ff ($\mu\nu\vartheta\omega\delta\eta\varsigma$).

[4]) 13, 1.

[5]) 21, 2.

[6]) Schulfabel ist auch die Geschichte vom Esel und dem Salz geworden, die Pl. bis auf Thales zurückleitet (16, 2). Äsopische Fabeln zitiert er animine an corp. aff. 500 c. vit. aer. al. 8, 3. comm. not. 1067 f. Nebenbei bemerke ich, dass Oken, Naturgesch. VII 1553 das Anekdötchen vom Fuchse, der Heu ins Maul nimmt, um die Flöhe los zu werden, dem Albertus Magnus gibt, welchem Olaus Magnus (De gent. sept. 1562. XVIII. c. 30) und C. Gessner nacherzählen.

den Wasserkrug für eine Mythe gehalten, wenn er nicht bei
Hunden eine ganz ähnliche Beobachtung gemacht hätte,[1]) ist
nichts als ein rhetorischer Kunstgriff. Die Scheingefechte
zwischen den Verteidigern der beiden Tiergruppen erheben
natürlich nicht den Anspruch, als ernste Kritik zu gelten.
Danach ist die Erklärung des Phaidimos zu würdigen, der
für die Seetiere kämpfend sagt, er wolle keine Meinungen
von Philosophen, keine unverbürgten Stückchen von Ägyptern,
Indern und Afrikanern bringen, sondern sich nur auf die
Mitteilungen derer stützen, die mit dem Meere zu thun haben,
und auf das, was durch die persönliche Beobachtung vertrauenswürdig
sei.[2]) Er deutet wohl an, dass die Angabe
des Juba[3]) über die Elefanten, welche ihren in die Jägergrube
gefallenen Kameraden durch Hineinwerfen von Holz
und Steinen wieder heraushelfen, eine gewisse Zumutung an
den Glauben enthalte, gibt aber doch zu, sie könne richtig
sein.[4]) Als unwahr ($\psi\varepsilon\tilde{v}\delta o\varsigma$) wird nur die für das Tierleben
ungünstige Behauptung ausgegeben, der Polyp fresse sich
selbst an.[5]) Das einzige unverkennbare Beispiel von eigentlicher
Kritik ist im ersten Teile der Schrift über den Tierverstand
zu finden, wo Plutarchos erklärt, sich nicht an
zweifelhafte Naturbeobachtung, sondern an die eine für
seinen Zweck ausreichende unbestrittene Thatsache halten
zu wollen, dass es wütende Hunde gebe.[6]) Der Begriff des
„Jägerlatein" scheint ihm völlig fremd.[7]) Ja er verwendet

---

[1]) 10, 8f.
[2]) 23, 3 (36, 15). — 10, 7 ist ihm die $\varkappa\alpha\vartheta'$ $\dot{\eta}\mu\acute{\varepsilon}\varrho\alpha\nu$ $\ddot{o}\psi\iota\varsigma$ $\varkappa\alpha\acute{\iota}$
$\vartheta\acute{\varepsilon}\alpha$ $\tau o\tilde{v}$ $\gamma\iota\nu o\mu\acute{\varepsilon}\nu o\nu$ eine Bürgschaft für die Richtigkeit der Beobachtung.
Vgl. Plin. N. H. 9, 183. Aristot. H. A. 9, 158.
[3]) Dieser schöpft wieder aus Megasthenes (fr. 36 ff. Schwanbeck).
[4]) 25, 4 (auf 17, 1 gehend).
[5]) 27, 8 (auf 9, 1 gehend).
[6]) 5, 8.
[7]) Seine Mitteilungen über die Seetiere stützen sich angeblich
meist auf die Berichte von Fischern und auch bei den Landtieren erinnert
er zuweilen an die Jagd (13, 6). Von Jägern spricht er 10, 3
(Löwenjagd).

sogar den Bericht von einem Traume, um zu deduzieren, dass der Elefant ein überaus gottgeliebtes Tier sei.[1])

Gleich mangelhaft wie die Prüfung der Mitteilungen auf ihre thatsächliche Beglaubigung ist die **sichtende Qualifizierung** der Beobachtungen. Der sehr beachtenswerte Gesichtspunkt, dass zwischen zahmen und wilden Tieren ein Unterschied zu machen ist,[2]) dass die in der Nähe des Menschen lebenden Tiere anders zu beurteilen sind, ist zwar mehrfach aufgestellt; es heisst geradezu, die Landtiere würden besonders durch ihr Zusammenleben mit den Menschen von menschlichen Sitten angesteckt, sie genössen Nahrung, Belehrung und Anregung zur Nachahmung seitens derselben, so dass das Herbe und Finstere gemildert, das Ungesellige und Träge aufgeweckt werde.[3]) Aber das wird wieder nur zu einer rhetorischen Steigerung, nicht zu einer reinlichen Scheidung der Beobachtungen benutzt, auf grund deren sich dann feststellen liesse, was jede Beobachtung für die behandelte Frage zu leisten vermag.

Plutarchos ahnt wohl, welche Erfolge die Dressur haben kann.[4]) Aber es ist eine Verkennung des Wesens derselben, wenn er einen Hund, der bei einer mimischen Aufführung mitwirkte, ausnehmend bewundert und demselben sogar zutraut, er habe den Zeitpunkt, wo er aus dem simulierten Tode erwachen sollte, aus den Reden und Handlungen der Mitspielenden verständnisvoll entnommen.[5])

Eine Klassifikation der Tiere nach den Fähigkeiten ist allerdings angedeutet, wenn wohlveranlagte Tiere unterschieden[6]) und bei den Leidenschaften zwei Gruppen ge-

---

[1]) 17, 2—3.
[2]) 12, 7. 31, 1. (vgl. quaest. nat. 21).
[3]) 23, 5 36, 5 quaest conv. 4, 4, 4, 3.
[4]) S. S. 17.
[5]) 19, 9f (ἐνόησεν).
[6]) 15, 1 (εὐφυής). Von körperlichen Anlagen ist am. prol. 495 d (εὐφυΐα). soll. an. 19, 2 (Stimme) die Rede.

macht werden.¹) Allein dieser Gedanke ist nicht fruchtbar geworden. Die Hauptabsicht des Plutarchos ist trotz allem die, durch den Nachweis der Vernünftigkeit bei vielen Tiergattungen den Beweis für die Vernünftigkeit der ganzen Gattung zu erbringen.²)

Auf der andern Seite hätte er, falls er gewusst hätte, dass alle Katzen mit eingezogenen Krallen gehen, ausser der richtigen Erklärung, dass dadurch beim Löwen die Abstumpfung verhütet wird, nicht auch noch die weitere gegeben, es solle dadurch den Verfolgern des Löwen die Auffindung der Spur schwerer gemacht werden.³)

Die Einseitigkeit der einzelnen Tierarten, die Einförmigkeit ihrer spontanen Bethätigungen⁴) ist ihm entgangen. An Experimentieren und Variieren,⁵) wie wir es durch die neueren tierpsychologischen Untersuchungen gewohnt sind, ist im Altertum natürlich nicht zu denken. Die Beschreibung der Tierhandlungen ist geschickt, aber auf die Zwecke des Schriftstellers eingerichtet.

Vor allem ist die Interpretation der aufgenommenen Thatsachen fast durchaus übereilt. Plutarchos ist nicht einmal der Gedanke gekommen, dass Vermenschlichung der Tierhandlungen eine Gefahr für die Forschung berge.

Recht greifbar wird das für uns da, wo antike Gebräuche ohne weiteres in die Tierwelt eingeschmuggelt

---

¹) 18, 1. 4, 6. Wenn Pl. 24, 2 die an Felsen festgewachsenen Tiere (Polypen 9, 2. Schwämme 80, 4) von den übrigen Seetieren ausnimmt, hat er körperliche Verhinderung im Auge.

²) S. besonders brut. rat. 10, 5.

³) 10. 3.

⁴) 36, 1 f. hätte ihm auffallen können, dass der Delphin beide Male nach Kirrha geht.

⁵) Eine Art Experiment fand bei den Kühen von Susa statt (s. S. 18). Eine Variation liegt auch 19, 3 vor, wo aus Aristoteles (4, 110) mitgeteilt wird, dass junge Nachtigallen schlechter singen, wenn sie frühzeitig der Mutter genommen werden. — Gewisse chemische Experimente kannte das Altertum, s. z. B. Chrys. Stob. ecl. I 155, 8 W·

werden. Als Beleg dafür, dass Tiere die Triebe des Vorsatzes und der Vorbereitung besitzen, wird angeführt, die Stiere bestäuben sich zum Kampfe.[1] So konnte das Scharren der kampfmutigen Stiere nur der Grieche auffassen, der an den Kunstgriff der Athleten dachte, welche sich gegenseitig nach dem Salben mit Sand bewarfen. Interessant ist folgende von Plutarchos angenommene Beobachtung des Kleanthes: Ameisen tragen eine tote Ameise an einen fremden Ameisenhaufen. Aus diesem kommen andere herauf, gleichsam zu einer Begegnung, und eilen wieder hinab. Das geschieht zwei- bis dreimal. Zuletzt tragen die Ameisen von unten gleichsam als Lösegeld für die Leiche einen Wurm herauf, die ersteren nehmen den Wurm, geben die Leiche heraus und ziehen ab.[2] Diese Deutung wird jedem unverständlich sein, der die Sitte des Totenauslösens im Kriege nicht kennt. Die Reinigungen der Elefanten und ihr Rüsselerheben beim Sonnenaufgang kann als Gottesdienst[3] nur von solchen angesehen werden, welchen die gottesdienstlichen Waschungen, die Betweise mit aufgehobenen Händen und der Sonnendienst bekannt ist. An eine vielgenannte Einrichtung des lacedämonischen, platonischen und aristotelischen Staates fühlt man sich gemahnt, wenn man von einer absichtlichen Tötung ungeeigneter Jungen seitens der Krokodilmutter liest.[4] Beim Ichneumon, der zum Kampfe mit dem Krokodil einen Chiton von Schlamm anzieht, wird der Vergleich mit einem Hopliten wenigstens kenntlich gemacht.[5]

---

[1] 10, 2. Das Vergleichmässige ist angedeutet beim Ichneumon 31, 2 ὥσπερ ἀθλητὴν κονιόμενον. Während Pl. oben kurz κονιομένων sagt (s. auch διακονίτεσθαι vom Hunde 15, 3), sagt ein Dichter (Ps. Oppian Cyneg. 3, 57) im gleichen Falle vorsichtig οἷα κονιόμενοι. Zur Sache vgl. de inim. util. 89 d.

[2] 11, 3.

[3] S. S. 20.

[4] 34, 3. Stoic. rep. 1049 d findet Pl. trotz seiner Liebe zu den Tieren unanstössig, dass man ganz junge Hunde mit Rücksicht auf die Mutter beseitigt.

[5] 10, 4.

Die Beispiele von Anthropopathismus sind überaus zahlreich.[1]) So heisst es, der Delphin liebe den Menschen als Menschen ohne Rücksicht auf Nutzen.[2]) In Anwendung der ethischen Prädikate ist Plutarchos besonders freigebig. Als ein psychologisches Rätsel erscheint es uns, wenn wir denselben Geist an verschiedenen Stellen so verschieden urteilen sehen, wie Plutarchos es thut: Im Gryllos analysiert er die menschliche Tapferkeit so scharf, dass er sagt, diese beruhe auf Furcht vor etwas Schlimmerem, als es Schläge und Kampf sind.[3]) In der Schrift über den Tierverstand aber preist er offenkundige Interessefreundschaften wie die zwischen Krokodil[4]) und Trochilos, Ketos und Führer[5]), Steckmuschel und Hüter, Schwamm und Schwammhüter[6]) als Muster geselliger Tugend. Da muss freilich der Verdacht entstehen, als sei es ihm zuweilen mehr um dialektische Schlager als um die Erforschung der Wahrheit zu thun gewesen.[7])

Phantastisch-gemütvoll ist folgendes gedeutet: Als Perikles den Athenetempel aufführen liess, stellte sich neben den zahlreichen Steinfuhrwerken einer der Maulesel ein, welche wacker mitgearbeitet hatten, aber wegen hohen Alters ausser Dienst gesetzt waren, und lief fortwährend nebenher, gleichsam

---

[1]) Z. B. am. prol. 494 d.

[2]) 36, 7; vgl. 19, 4.

[3]) Brut. rat. 4, 11 f. Der Gedanke stammt von den Epikureern, welche die Tugend nicht als Ziel gelten lassen wollten; diese sind de anim. procreat. in Timaeo 1025 d e gemeint: $οἱ\ δὲ\ τὰς\ ἀρετὰς\ ἀποφαίνουσι\ παθητικάς \cdot καὶ\ γὰρ\ ἀνδρείᾳ\ τὸ\ φοβούμενον\ καὶ\ σωφροσύνῃ\ τὸ\ ἡδόμενον\ καὶ\ δικαιοσύνῃ\ τὸ\ κερδαλέον\ εἶναι.$

[4]) Wegen Krokodil und Ichneumon s. Eubulos fr. 107 (II 201 Kock).

[5]) 31, 1—8.

[6]) 30, 1—4.

[7]) Vgl. was C. Giesen, De Plutarchi contra Stoicos disputationibus. Münster 1889 S. 111 über die Polemik des Pl. bemerkt.

aufmunternd und antreibend.¹) Der Ausdruck für Selbstmord wird ohne Bedenken auf den anhänglichen Hund des Lysimachos angewendet, der in den Scheiterhaufen des toten Herrn hineinsprang.²) Der von römischen Knaben durch Griffelstiche gereizte Elefant hob nach Plutarchos einen derselben in die Höhe, als ob er diesen zerschmettern wollte; da die Umstehenden aufschrieen, liess er den Jungen sacht herunter und ging fort, indem er glaubte, für dieses Alter sei der Schrecken Strafe genug.³) Wenn die kilikischen Gänse über den Taurus fliegen, nehmen sie aus Furcht vor den Adlern ziemlich grosse Steine in den Mund, um gleichsam ihre Geschwätzigkeit im Zügel zu halten.⁴) Die Kraniche stehen bei ihren Nachtwachen auf einem Beine, mit dem andern fassen sie einen Stein, damit die Spannung sie wach erhalte oder der fallende Stein beim Einschlafen sie aufschrecke.⁵)

Anthropomorphismus ist es auch, wenn den Tieren sehr respektable Kenntnisse aller Art angesonnen werden. Wir haben oben genügende Proben davon gegeben. Recht auffallend ist, dass die Annahme des Schlussverfahrens beim Fuchse unmittelbar neben die treffende Kritik des chrysippeischen Beispieles vom Hunde gesetzt wird.⁶) Ähnlich steht es damit, wenn er an dem Hunde, der in einen nicht vollständig gefüllten Ölkrug Steinchen warf, es bewundert, wie derselbe das durch Schwereres erfolgende Herausdrängen

---

¹) 13, 14 = Cat. mai. c. 5 (οἷον ἐγκελευόμενος καὶ παρορμῶν). Aristot. 6, 164 sagt παρώξυνε, womit nur die Wirkung des Beispieles bezeichnet wird. (Ist der Zusatz ὃς καὶ wohl echt?)

²) 14, 2 (αὐτὸς ἑαυτὸν ἐπέρριψε).

³) 12, 6.

⁴) 10, 10 = garrul. 510 a b. — Amator. 754a wird von Stuten gesprochen, die, geschoren, im Wasser ihre Schönheit geschändet sehen und ihren Stolz aufgeben.

⁵) 10, 12. Ähnliches vom Delphin und Tunfisch 29, 2.

⁶) S. S. 12 und 15.

des Leichteren kannte und verstand.¹) Die hier eingreifende Kardinalfrage der Tierpsychologie, ob und in wie weit den Tieren ein W i s s e n um die Zweckmässigkeit ihrer Handlungen und um die ihr Handeln bedingenden Naturthatsachen und Naturgesetze zuzuschreiben sei, hat er sich offenbar nicht hinreichend klar gemacht.²)

Feine psychologische Analyse der mitgeteilten Beobachtungen dürfen wir von P l u t a r c h o s nicht fordern.³) insbesondere nicht Eingehen auf die Assoziation, durch welche sich viele derselben etwa nach der Methode, die W u n d t und F l ü g e l in mustergiltiger Weise anwenden, erklären lassen.⁴) Aber auch bei dem Zustande der gegnerischen (stoischen) Psychologie ist es kühn von ihm, zu behaupten, das Verhalten des Hundes auf der Jagd und in anderen schwierigen Lagen könne n u r auf Überlegung und Vernunft beruhen.⁵)

---

¹) 10, 9.

²) Über den Krampfrochen s. S. 12; ähnliches vom ἀστήρ 27. 1 (hier zweifelt selbst P l i n i u s N. H. 9, 183). Die gegen 9, 1 gerichtete Erklärung 33, 1 setzt beim Tiere tiefes biologisches Wissen voraus. Nach 10, 7 scheint der Spinne die ihrem Gewebe g e h e i m beigemischte Flüssigkeit bekannt zu sein; ihr Werk zieht sie wie ein geschickter Netzfischer zusammen. Die kretischen Bienchen beladen sich bei starkem Winde mit Steinchen, um die Richtung nicht zu verlieren 10, 10. Nach 10, 11 ist der bald mondsichelförmige bald trigonische Flug der Kraniche beabsichtigt. Nach 28, 5 kennt der Ellops die Einrichtung seiner Schuppen.

³) Wenn die Eber ihre Hauer wetzen, so ist das vorbedacht (10, 2). 12. 6 (s. S. 96) war doch das zunächst Liegende, dass der Elefant durch das Aufschreien der Umstehenden erschreckt wurde.

⁴) Z. B. In Syrien wurde einem Elefanten von seinem Aufseher täglich die Hälfte der Gerste betrügerischer Weise entzogen; als der Mann einmal bei der Anwesenheit des Herrn das Mass ganz füllte, beseitigte der Elefant mit seinem Rüssel die Hälfte und deckte so die Veruntreuung auf (12, 4). Ähnlich 12,5. Weiteres 14, 2—4. 16, 2—3. S. S. 18.

⁵) 13, 6—12.

So wenig es Plutarchos zum Vorwurf gemacht werden
kann, dass er die antiken Vorgänger Darwins übersieht
oder übergeht, so sehr hätte er Veranlassung gehabt auf
den stoischen Begriff „Trieb" (Instinkt) und die ihm vor-
liegende Form der Teleologie einzugehen.[1]) Da es ungerecht
wäre, Plutarchos nach unseren Begriffen zu messen, sei
hier eine lehrreiche Probe antiker Naturbetrachtung zum
Vergleiche herangezogen. In den unechten Quaestiones naturales, die nicht sämtlich unbedeutend sind[2]) und deren
manche höher steht als mehrere unter den quaestiones
convivales, wird gefragt,[3]) warum die kranken Tiere helfende
Kräfte aufsuchen und vom Gebrauche derselben oft Nutzen
haben. Als Beispiele figurieren die auch von Plutarchos
angeführten: die Hündinnen fressen, um die Galle ausspeien
zu können, Gras; die weiblichen Schweine eilen nach den
Flusskrebsen, damit ihr Kopfschmerz geheilt werde; die
Schildkröte frisst zum Schlangenfleisch Origanus; die Bärin
soll Ameisen auf die Zunge nehmen und hinabschlucken.
Dazu wird bemerkt: Von diesen Dingen ist den Tieren weder
eine bewusste ($\pi\epsilon\tilde{\iota}\varrho\alpha$) noch eine zufällige ($\pi\epsilon\varrho\iota\pi\tau\omega\sigma\iota\varsigma$) Erfahrung geworden. Die Antwort lautet: Entweder ziehen,
wie das Wachs die Bienen, das Aas die Geier, so auch die
Krebse das Schwein u. s. w. durch entsprechende Ausdünstungen an, ohne dass die Wahrnehmung das Tier auf
grund einer Erwägung des Nützlichen leitet. Oder diese
Gelüste ($\dot{o}\varrho\acute{e}\xi\epsilon\iota\varsigma$) werden den Tieren durch körperliche
Temperamente ($\varkappa\varrho\acute{\alpha}\sigma\epsilon\iota\varsigma$) beigebracht, indem durch die Krankheiten die Säfte umschlagen und so andre Säuren oder Süssig-
keiten oder irgend welche ungewohnte Beschaffenheiten im
Innern erzeugt werden, wie schwangere Frauen Steine und

---

[1]) Z. B. 16, 4; 8.

[2]) Quaest. 19, 3 findet sich eine kurze Darlegung der Massen-
teilchentheorie mit Hinweis auf Empedokles.

[3]) Quaest. nat. 26.

Erde einnehmen.¹) Daher wissen auch die gebildeten Ärzte aus dem Appetit der Kranken vorher, ob diese unrettbar oder noch zu retten sind. Es ist also wahrscheinlich, dass auch die Tiere, welche nicht in ganz gefährliche Krankheiten verfallen, einen Temperamentzustand haben, von dem jedes zu den Heilmitteln vermittels der Begierden geführt wird. Gegenüber den schlagfertigen Schlüssen der Schrift über den Tierverstand berührt dieses sachliche Räsonnement, wie es auch immer mit seiner Haltbarkeit stehen mag, sehr wohlthuend.²) Im Gryllos wird wenigstens zugestanden, dass sich jenes Verhalten der Tiere in Krankheiten auf Belehrung seitens der Natur als des einflussreichsten und weisesten Prinzips zurückführen lasse.³)

Eine weitere antike Parallele! Gegen eine fremde Ansicht polemisiert Plutarchos, wo er den Färbungswechsel des Polypen erläutert. Das sei kein passiver, sondern ein aktiver Vorgang. Denn der Polyp ändere sich aus Vorbedacht, indem er einen Kunstgriff anwende, um sich vor dem zu bergen, was er fürchte, und um das zu bekommen, wovon er sich nähre.⁴) Die bekämpfte Ansicht war von der Art, wie sie in den quaestiones naturales vorgetragen ist.⁵)

---

¹) Hierauf spielt Pl. praec. ger. reip. 4, 13 an; er verweist noch auf die Seekranken, welche nach Saurem Appetit haben.

²) Auch quaest. 18 sucht im Gegensatz zu den Schriften über Vorhersagungen der Tiere rein mit Hilfe der Empfindung das Vorhersagen der τευθίς und des Polypen zu erklären. (Vgl. Vergil. Georg. 1, 415, wonach auch Epikureer diesen Erklärungsweg einschlugen). Ebenso wird quaest. 36 erörtert, warum die Bienen schneller auf Ehebrecher einstechen (zur Sache vgl. coniug. praec. 144 d).

³) 9, 4.

⁴) 27, 5—8. Wie wir im Bilde vom Chamäleon, spricht Pl. adul. et amic. 53 a vom Polypen.

⁵) Quaest. 19. Mit οὐ πάθος 27, 7 vgl. quaest. nat. 19, 3. Die Parallele des Chamäleon (quaest. nat. 19) lehnt Pl. ab. Auch die Pindar- und Theognisverse sind an beiden Stellen ganz gleich, nur dass der auch amic. multit. 96 f angeführte Theognisvers in den quaestiones voll Sinn, in de soll. an. nur nebenher verwendet ist. Was Pl. über die Lunge des Chamäleon mehr weiss, hat er seiner Quelle entnommen,

Entweder, heisst es da, ändere sich, wenn das feige Tier erschrecke, mit dem Pneuma die Färbung wie beim Menschen. Oder da diese theophrastische Auffassung nicht die Assimilation der Farbe an die nahen Felsen begründe, sei anzunehmen, der Polyp gebe nur die Veranlassung ($ἀρχή$) zu seiner passiven Veränderung ($πάϑος$) durch die Furcht, während die eigentliche Ursache ($τὰ κύρια τῆς αἰτίας$) in anderem liege. Es sei nämlich wahrscheinlich, dass der porenreiche Körper des Polypen in der Furcht an seiner Oberfläche die Ausflüsse ($ἀπορροαί$) der nahen Felsen festhalte und so den nächsten Körpern gleichfarbig werde. Ein schlagender Beweis sei, dass weder der Polyp allen nahen Körpern der Umgebung ähnlich werde noch der Chamäleon den weissen[1]) Farben, sondern beide nur solchen Körpern, deren Ausflüsse ihren Poren symmetrisch seien. Wir sehen aus dieser Stelle, dass Plutarchos, wenn er einmal genauer zu Werke geht, durch die Genauigkeit des Gegners

---

wie Plin. N. H. 11, 188; dieser drückt sich ausserdem so aus, der Polyp wechsle nach der Ähnlichkeit der Umgebung und zwar meist in der Furcht die Farbe (9, 87). — An diese quaestiones, in welchen (quaest. 26) der Arzt Mnesitheos, der zur Zeit des Komikers Alexis im Sinne der Peripatetiker oder Epikureer $περὶ ἐδεστῶν$ schrieb (Alexis fr. 216 fragm. adesp. 106. 107 Kock) und Theophrastos zitiert werden, hat der Terminologie nach ausser der Stoa, gegen welche jedoch der Gebrauch von $ὄρεξις$ spricht, der Peripatos (vgl. z. B. $ἀρχὴ τῆς κινήσεως$ Aristot. metaph. 1015a, 15 u. s.) das nächste Anrecht. Wenigstens stammt die Methode, derartige Einzelheiten zu behandeln und ihre Ursache für unerfindlich oder schwierig zu erklären, von Theophrastos (quaest. conv. 7, 2, 1, 2 ff.; s. auch quaest. nat. 19, vgl. E. Maas Aratea S. 264 Anm. Dieselbe Betrachtungsweise auch Cic. divin. 1, 7, 13 ff. 2, 20, 47, bei Maas S. 156 f. zitiert). Aber auch Chrysippos schrieb $φυσικὰ ζητήματα$ über ähnliche Gegenstände (Fragmente bei Baguet S. 117) und Herakleides $περὶ τῶν φυσικῶς ἀπορουμένων$ (adv. Colot. 14, 2).

[1]) Vgl. adul. et amic. 53 d e. Plin. N. H. 8, 122, wo Rot und Weiss beim Chamäleon ausgenommen sind; wegen der Furcht 11, 225. Der Vergleich mit der Furcht beim Menschen wird hier von Plinius abgewiesen.

gezwungen ist. Sein Gegenargument, dass der Polyp nicht bloss in der Furcht sich verfärbe, sondern auch beim Angriff auf andere Tiere, ist also solche gewiss treffend.¹)

Der einzige Fall, in dem er zwei Möglichkeiten offen lässt, ist folgender: Wo der Anthias gesehen wird, halten sich keine Meerungeheuer auf, sondern sonst bedrohte Fische gehen mutig ihren Verrichtungen nach. Der Grund ist schwer zu ersehen, ob nun die Untiere den Anthias fliehen, wie die Elefanten das Schwein, die Löwen den Hahn, oder ob es für untierfreie Gegenden Zeichen gibt, welche der Fisch, da er Einsicht und Gedächtnis hat, erkennt und beachtet.²)

Genauer geht Plutarchos auf verschiedene Erklärungsmöglichkeiten bei der Schilderung des nachstehenden Ereignisses ein: Ein römischer Barbier hielt sich eine Elster, welche aus freien Stücken aus reinem Ehrgeiz, nichts unnachgeahmt zu lassen, Menschenworte, Tierlaute und Instrumentenklänge nachbildete. Einmal hatte dort ein Leichenkondukt längeren Aufenthalt und die Trompeter füllten die Pause mit ihren Vorträgen aus. Die Elster war am Tage danach stimm- und lautlos, selbst beim Hunger. Man dachte an Gift, das missgünstige Kollegen des Barbiers ihr eingegeben. Die meisten glaubten, infolge des Blasens sei mit dem Gehöre die Stimme verloren gegangen. Allein die Stimme kam plötzlich wieder. Sie gab jedoch nicht die altgewohnten Nachahmungen, sondern die Trompetenklänge mitsamt den Modulationen wieder. Das beweist, dass das Nachahmende in ihr sich übte, in sich Einkehr hielt und die Stimme gleich einem Instrumente in Bereitschaft setzte.³)

---

¹) Vgl. 10, 4. 31, 2 (Ichneumon). Gelegentlich erkennt er das Räsonnement jener physikalischen Frage an: de amic. multit. 96 f καίτοι τοῦ πολύποδος αἱ μεταβολαὶ βάθος οὐκ ἔχουσιν, ἀλλὰ περὶ αὐτὴν γίνονται τὴν ἐπιφάνειαν στυφότητι καὶ μανότητι τὰς ἀπορροίας τῶν πλησιαζόντων ἀναλαμβάνουσαν.

²) 32, 6 f.
³) 19, 5—8.

IV. Abschnitt: Schlusswürdigung.

Sollen wir unser Urteil über die im Vorhergehenden charakterisierte Tierpsychologie abgeben, so müssen wir den polemischen Teil von dem positiven Teil scharf scheiden. Ersterem kann trotz der gelegentlichen Verdrehung stoischer Lehren, wie sie zum Beispiel in dem auch von Galenos beliebten Missbrauch des stoischen Wortes λογικός sich kundgibt,[1]) und trotz der über das Ziel hinaus schiessenden Verwechslung von conträren Gegensätzen und Gradunterschieden, die nicht einmal als relative Gegensätze gemeint waren,[2]) das Zeugnis nicht vorenthalten werden, dass er den Gegner geschickt mit seinen eigenen Waffen angreift; so wenn das stoische Kriterium der Augenscheinlichkeit (ἐνάργεια)[3]) oder des Sprachgebrauchs (συνήθεια) mehrfach gegen die Stoiker selbst gewendet, wenn die Irrsinnszustände als mit Vernunft verbunden angesehen[4]) oder wenn Herakleitos, der Hauptgewährsmann derselben in der Physik, gerade in Hinsicht auf letztere gegen die Stoa angerufen wird. Mit der Distinktion von Natur (φύσις) und Übung (ἐπιμέλεια, διδασκαλία) ist eine spezielle Lehre des Chrysippos getroffen. Auf den Bahnen des Karneades, dem er übrigens nicht blindlings folgt,[5]) wandelt Plutarchos auch, wenn er den Gegnern Widersprüche aufdeckt[6]) und eine Schule gegen die

---

[1]) 3, 10. 4. 3. Λογική ὁρμή bedeutet „Trieb des vernünftigen Lebewesens". Desgleichen wird 4, 1—2 der Ausdruck ἀρχή verdreht.
[2]) 4, 4. Wenn 13, 6. 32, 1 Pl. καθήκοντα im engeren Sinne von Pflichthandlungen fasst, so ist dies Übersehen mit der Absonderlichkeit der stoischen Terminologie zu entschuldigen.
[3]) Dies benutzt er gegen dieselben auch virt. mor. 447 b.
[4]) S. Gal. 415 Kühn.
[5]) S. S. 35.
[6]) Hier sei bemerkt, dass Stoic. rep. 1038c ἀποκραίει an soll. an. 3, 10 ἀποκραίουσι, Stoic. rep. 1038c ἐν παντὶ βιβλίῳ φυσικῷ καὶ ἠθικῷ an soll. an. 30, 2 παντὶ καὶ φυσικῷ καὶ ἠθικῷ sowie die spöttische Abfertigung durch ein politisch-antiquarisches Bild Stoic. rep. 1035 bc an soll. an. 30, 2 προεδρίαν ἔχων und an den Anfang

andre ausspielt. Überhaupt weiss er von seinen Vorgängern
trefflich zu lernen. Dies zeigen seine Zitate und besonders
die in der Terminologie an Aristoteles gemahnende Ausführung über den Wahnsinn bei Tieren.

Im positiven Teile liegt der Grundfehler in dem Mangel
an genauen psychologischen Unterscheidungen. Wo Plutarchos über Wahrnehmung und Geist spricht, identifiziert
er Seele und Geist oder übersieht vielmehr, dass die Seele
genügt, um die Wahrnehmung möglich zu machen. Die selbst
nicht hinreichend bestimmte stoische Psychologie, welche
z. B. den Ausdruck αἴσθησις für sinnliche wie für geistige
Wahrnehmung verwendet, macht ihm die Bekämpfung leicht.
Doch ist eben diese Psychologie, mit welcher Plutarchos
in Wettbewerb tritt und mit der die seinige daher vor allem
verglichen werden muss, viel klarer und feiner als das, was
er selbst hier bietet. Jene unterschied wenigstens διαθέσεις
und ihre Funktionen. Bei Plutarchos schwanken die Ausdrücke für die höheren Geistesfunktionen σύνεσις, φρόνησις,
διανόησις, νοεῖν u. ä. nur so durcheinander, dass es fast
den Eindruck erweckt, als habe er mit denselben stilistisch
abwechseln wollen. Methodisch ist der Standpunkt der Stoiker,
welche sogar die Leidenschaften bei Tier und Mensch nicht
völlig adäquat finden und bezüglich der Intelligenz viel lieber
das Kind vergleichen, ohne Zweifel der höhere.

Jedenfalls erhebt sich Plutarchos in seiner Tierpsychologie nicht über das Niveau seiner Zeit. Darin liegt
neben einem Urteil auch seine Entschuldigung. Die Stoiker

---

von de am. prol. erinnert — ein Anzeichen für die Echtheit der Schrift
de Stoic. rep. — Der Vorwurf gegen die Bücher der Stoiker es. carn.
2, 3, 4 ἐκεῖνα μὲν Σκύθαις φιλοσοφεῖσθαι καὶ Σογδιανοῖς καὶ
Μελαγχλαίνοις, περὶ ὧν Ἡρόδοτος ἱστορῶν ἀπιστεῖται ist ein gelungener Hieb gegen den mit Skythen liebäugelnden Kosmopolitismus der
Stoiker; derselbe erinnert an eine ähnliche Bemerkung des Sextus Empirikus
gegen die stoischen Politien. Hier seien einige kleinere Widersprüche
bei Pl. selbst angemerkt: Brut. rat. 5, 3—4. 7, 12 gegen soll. an. 18,
1—5. Brut. rat. 4, 1 f. gegen soll. an. 16, 1 ff.

waren hinsichtlich der Tiererzählungen nicht kritischer, und wenn sie etwas feiner analysierten, so war ihnen das eben durch ihre sonstige philosophische Haltung vorgezeichnet.

Um die Beschaffung des empirischen Materials hat sich Plutarchos wenig Verdienst erworben. Das Meiste war schon vor ihm gesammelt.[1]) So stammt zum Beispiel die teilweise richtig gegebene Beobachtung, dass sich die jungen Rebhühner die Bodenfarbe ihres Federkleides zu nutze machen,[2]) und die weitere, dass Bienen zuweilen mit Schmutzkörperchen — Plutarchos sagt Steinchen — beladen daherkommen, nicht von ihm. Die Beobachtung des Kranichfluges war lange vor ihm gemacht und von einem Stoiker weit feiner erklärt worden.[3]) Nicht einmal so alltägliche Erscheinungen[4]) wie den Nestbau der Schwalben,[5]) das Weben der Spinnen hat er nach selbständiger Beobachtung beschrieben. Als neu lassen sich vielleicht einige Zitate aus Dichtern[6]) retten. Auf eigene Erfahrung beziehen sich die Unterredner des Gespräches bei wütenden Pferden, bei dem schlauen Schifferhund, welcher das Öl im Kruge zum Steigen brachte, bei

---

1) S. Wellmann, Hermes 1891. 26, 481 ff. Pl. selbst sagt nicht selten (5, 8. 11, 7. 12, 2; 7. 20, 6; 7. 23, 10. 24, 3. 27, 2. 31, 6. 33, 4) ἱστοροῦσι, λέγουσι, φασί. Auffällig ist, dass er den Hund des Pyrrhos und die Muräne des Krassus nicht auch in den Biographien dieser Männer erwähnt.

2) 16, 4. Plinius N. H. 10, 103 erzählt dasselbe von Rebhühnern, die bereits der mütterlichen Sorgfalt entwachsen sind. Bei Aristoteles fehlt die Beobachtung; sie ist wohl stoisch.

3) Man vgl. Cic. nat. deor. 2c. 49 mit dem was Altum a. a. O. S. 255 darüber bemerkt.

4) Populäre Beobachtungen könnten 10, 2. 3, 11. 4, 2 (s. die Lexika s. v. ἡμίονος. Diels Doxogr. 424, 30 = 643, 9). 10, 3. 23, 3. 24, 4—10. 25, 2 u. ö. verwendet sein. Die Alltäglichkeit deutet Pl. selbst an 10, 4; 5; 7. 13, 6. 27, 2; 4. 35, 9. brut. rat. 9, 8.

5) 10, 5 (s. Wellmann S. 533).

6) Etwa die Aratstelle 11, 5, da Pl. einen Kommentar zu Arat schrieb (vgl. z. B. fr. 7 III 35 Paris). Aus ähnlicher Beschäftigung könnte dann auch das über Eratosthenes 32, 5 Gesagte herrühren.

dem Igel, der die Traubenbeeren, einzeln an seine Stacheln gespiesst, den Jungen zutrug,[1]) beim Meerungeheuer, das seines Führers beraubt, sich nicht zurecht fand und ans Land verschlagen zugrunde ging,[2]) beim Neste des Meereisvogels.[3]) Natürlich bürgt diese Form der Einkleidung noch nicht dafür, dass hier eigene Beobachtung des Schriftstellers vorliegt. Doch ist es auffallend, dass sich derartige Geschichten bei Plinius trotz gegebener Gelegenheit nicht finden, so die Erzählungen vom mimenden Hunde, von der musizierenden Elster und vom gereizten Elefanten, die Plutarchos mit einer gewissen Wärme vorträgt. Bei der musizierenden Elster sollen mündliche Mitteilungen und für den Bericht von der Zuneigung eines Krokodils zu einer alten Frau[4]) eine solche des Freundes Philinos, der Ägypten bereist hatte, die Unterlage sein. Im allgemeinen wird auf die Theater Roms verwiesen, welche Belege für die Gelehrigkeit und die trefflichen Anlagen der Tiere in Hülle und Fülle darböten.[5])

Viel ist es auf keinen Fall, was Plutarchos aus Eigenem hinzuthat. Gewiss war es auch nicht seine Absicht, hierin zu glänzen. Vielmehr suchte er wohl in der anmutenden, gewandten Darstellung der ganzen Frage seinen Ruhm, und in der That musste seine Schrift dem Fortgange tierpsychologischer Studien förderlicher sein als die bis zur Verzerrung kurzen, wenn auch zahlreicheren Exzerpte des Plinius. Waren diese im Mittelalter bis auf die Kräuterbücher herab von grossem Einfluss, so hielt sich Montaigne

---

[1]) 16, 9.

[2]) 31, 6 (die Beobachtung geschah οὐ πάλαι bei Anticyra). Vgl. Juba Plin. N. H. 32, 10.

[3]) 35, 9. S. aber Aristoteles. — 28, 2 ist die persönliche Beziehung nicht sicher.

[4]) 23, 9.

[5]) 5, 4. Theater nennt er 12, 2. 25, 4. brut. rat. 9, 7.

(Essais, c. 12. Paris 1820 III 38 ff.)¹) an seinen hochverehrten und von ihm in andrer Sache gegen den Vorwurf der Leichtgläubigkeit verteidigten Plutarchos, mit welchem er lebhaft den Vorrang des Menschen vor dem Tiere bestreitet.²)

---

¹) Bequem dargestellt ist die Tierpsychologie Montaignes in der Würzburger Dissertation (1897): „Das Tier in der Philosophie Montaignes von Joh. Gerdemann", der sich leider verführen liess, statt einer historischen Würdigung jetzt am Ende des 19. Jahrhunderts noch einmal eine Widerlegung Montaignes zu versuchen.

²) Auch Basilius scheint in seinem Kommentar zum Hexaemeron das Beobachtungsmaterial von Pl. herüberzunehmen, wenn er auch (im Kommentar zu den Psalmen) mehr hat als dieser.